UEBERREUTER
WIRTSCHAFT

Jean-Marc Göttert

Die Nokia Methode

Die 10 Erfolgsgeheimnisse des innovativsten Handy-Herstellers der Welt

UEBERREUTER
WIRTSCHAFT

Die Deutsche Bibliothek – CIP-Einheitsaufnahme

Göttert, Jean-Marc:
Die Nokia-Methode : die 10 Efolgsgeheimnisse des innovativsten
Handy-Herstellers der Welt / Jean-Marc Göttert. -
Wien/Frankfurt : Wirtschaftsverlag Ueberreuter, 2001
ISBN 3-7064-0755-8

Unsere Web-Adressen:

http://www.ueberreuter.at
http://www.ueberreuter.de

1 2 3 / 2003 2002 2001

Umschlag: INIT, Büro für Gestaltung
Unter Verwendung eines Bildes der Bildagentur ZEFA

Druck: FINIDR, s.r.o.
Printed in the Czech Republic

Inhalt

Vorwort

Die Management-Gurus sagen uns, in der Wirtschaftswelt von heute sei das Lernen eine Voraussetzung für Erfolg im Wettbewerb. Manager müssen sich ständig neue Fähigkeiten und Methoden aneignen, um sich für die Auseinandersetzungen auf dem Markt zu rüsten. Organisationen müssen sich in lernende Organisationen verwandeln, in denen das Lernen ein fester Bestandteil des Daseins und der Kultur darstellt. All das ist zweifellos richtig, zumindest in der Theorie. In der Praxis jedoch gibt es kaum wirkliche lernende Organisationen. Die Wahrheit ist, dass Manager nicht sehr gut im Lernen sind. „Der Erfolg auf dem Markt hängt zunehmend davon ab, dass man imstande ist zu lernen, doch die meisten Menschen wissen nicht, wie man lernt. Dazu kommt, dass jene Mitglieder der Organisation, die vielfach für die lernfähigsten gehalten werden, in Wirklichkeit nicht sehr gut darin sind", meint Chris Argyris von der Harvard Business School.[1] Eines der Ziele der vorliegenden Buchreihe besteht darin, Managern beim Lernen zu helfen und ihnen Gelegenheit zu geben, von den Besten zu lernen.

Dieses Vorhaben mag übertrieben ehrgeizig wirken. Doch denken Sie daran, wie Manager lernen. Zunächst einmal lernen sie aus ihren Erfahrungen. Doch Chris Argyris hat zu Recht darauf hingewiesen, dass man aus Erfahrungen nicht zwangsläufig lernt. Wie vielen Führungskräften sind Sie schon begegnet, die alle Erfahrung der Welt besitzen, aber kaum über wirkliches Verständnis der Zusammenhänge verfügen? Möglicherweise verkünden sie, 30 Jahre Erfahrung zu haben, doch dabei handelt es sich oft nur um einjährige Erfahrungen, die dreißigmal gemacht wurden. Erfahrung bedingt nicht automatisch Lernfortschritte. Nur weil jemand Jahrzehnte in einem Unternehmen verbracht hat, muss er noch lange nicht weise sein.

Sodann können Führungskräfte in Trainingsprogrammen lernen. Die meisten hochrangigen Manager haben das eine oder andere Executive Program einer Wirtschaftshochschule hinter sich gebracht.

Die Wirtschaftshochschulen bleiben der Theorie verhaftet, doch in der Wirtschaft geht es um das praktische Tun.

Die Fallstudien und die für die Business Schools typische Konzentration auf die Analyse ermöglichen es den Managern zweifellos, sich bedeutsame Kenntnisse anzueignen. Doch die Bandbreite dieser Kenntnisse und ihr praktischer Nutzen werden regelmäßig in Zweifel gezogen – nicht zuletzt von denen, die in den Managementkursen unterrichten. „Die Vorstellung, man könne intelligente, aber unerfahrene 25-jährige Manager nehmen, die noch nie irgend etwas oder irgend jemanden gemanagt haben, und sie in einem zweijährigen MBA-Kurs in effektive Manager verwandeln, ist lächerlich“, meint der Strategieguru Henry Mintzberg.[2]

Der hochgeschätzte Peter Drucker äußert sich ebenfalls seit langem kritisch über die Wirtschaftsuniversitäten. „Die vor knapp hundert Jahren in den Vereinigten Staaten gegründeten Wirtschaftsuniversitäten bilden lediglich gute Büroangestellte aus“, schrieb er bereits im Jahr 1969.[3] In jüngerer Zeit hat er den Niedergang der Business Schools vorhergesagt, da diese unter einem „verfrühten Erfolg“ litten. „Nun verbessern sie die Vergangenheit ein wenig. Das Schlimmste, was man tun kann, ist zu verbessern, was man überhaupt nie hätte tun sollen."

Die Wirtschaftshochschulen bleiben der Theorie verhaftet, doch in der Wirtschaft geht es um das praktische Tun. „Ich halte nicht sehr viel von Diplomen. Sie eignen sich nicht, um die Arbeit zu machen. Meine Noten waren nicht so gut wie die anderer, und ich machte die Abschlussprüfung nicht. Der Leiter der Schule rief mich zu sich und erklärte mir, ich müsse die Universität verlassen. Ich sagte ihm, dass ich kein Diplom wollte, da es weniger wert sei als eine Eintrittskarte für das Kino. Eine Eintrittskarte garantierte dir zumindest, dass du hineinkamst. Ein Diplom garantierte für gar nichts." Diese Worte stammen von Soichiro Honda, dem Gründer des gleichnamigen Konzerns.[4]

Mit überraschendem Understatement erklärte der ehemalige Leiter von Chrysler, Lee Iacocca: „In einer formalen Ausbildung kannst du eine Menge lernen, doch viele der im Leben unverzichtbaren Fähigkeiten musst du allein entwickeln." Deutlicher sagte es der verstorbene Leiter von Avis und Autor von *Up the Organization*, Robert Townsend. „Stellen Sie keine Absolventen der Harvard Business School ein", lautete seine Warnung. „Dieser Elite fehlen meiner Meinung nach einige grundlegende Voraussetzungen für den Erfolg: Demut, Respekt für die Leute auf der ausführenden Ebene, ein echtes Verständnis für die Natur des Unternehmens und jene Art von Leuten, die Freude daran haben, ihm zum Erfolg zu verhelfen, Respekt seitens der Untergebenen, nachweisliches geschäftliches Durchsetzungsvermögen, Fleiß, Loyalität gegenüber den Untergebenen, Urteilsvermögen, Fairness und Aufrichtigkeit unter Druck."[5]

Häufig angeführte Beispiele für Menschen, die keinen Abschluss vorweisen konnten und dennoch den Gipfel des geschäftlichen Erfolgs erklommen, sind Bill Gates, Richard Branson von Virgin und Anita Roddick von Body Shop.

„Einer meiner größten Vorteile bei der Gründung von The Body Shop bestand darin, dass ich nie eine Wirtschaftsuniversität besucht hatte“, sagt Anita Roddick. Auch Jim McCann, der Gründer von 1-800-Flowers, ist davon überzeugt, dass sein Unternehmen niemals entstanden wäre, hätte er eine Wirtschaftsuniversität besucht: „Ich hätte viel zu viel darüber nachgedacht, warum dieses Geschäft nicht funktionieren konnte.“[6]

Drittens kann ein Manager von seinen Kollegen lernen. Diese Methode ist sehr wirkungsvoll. Der gegenwärtige Trend zu Mentoring und Coaching zeigt, dass die hochrangigen Manager wesentlich dazu beitragen können, die Fähigkeiten jüngerer Manager zu entwickeln. Doch was ist, wenn der Vorgesetzte eine ineffiziente Führungskraft ist, die lediglich ihre Zeit absitzt und keinerlei Interesse daran hat, Talente für die Zukunft zu fördern? Was, wenn der Vorgesetzte inkompetent ist? Was, wenn die Bestrebungen eines aufstrebenden jungen Managers die Sachkenntnis seines Vorgesetzten erheblich übersteigen? Was kann er dann lernen?

Viele Manager suchen die Antwort in einem der vielen Bestseller von Unternehmensführern. Führungskräfte kaufen Millionen derartiger Bücher. Sie möchten unbedingt wissen, was in den Köpfen erfolgreicher Unternehmenskapitäne vorgeht. Sie wollen die Gehirne dieser großen Männer sezieren. Doch sie werden durchwegs enttäuscht. Die meisten Bücher erfolgreicher Manager sind von ihrem alles beherrschenden Ego verzerrt und leben nur von rückblickender Analyse. Sie wurden von Ghostwritern verfasst und vermitteln eine geisterhafte Botschaft. Zumeist schildern diese Bücher eine Karriere durch die rosarote Brille, anstatt eine

„Unsere Leute sind hungrig nach Erfolg“, sagt Jorma Ollila. „Und wir diskutieren nicht alles bis zum Erbrechen, sondern handeln lieber.“

objektive Analyse von Managementtechniken zu liefern. Ihr Wert als Lehrmaterial ist beschränkt – was nicht heißen soll, dass sie keinen Unterhaltungswert besäßen.

Diese Reihe über die Erfolgsgeheimnisse großer Manager und großer Unternehmen soll diese Lücke schließen. Das Ziel ist eine objektive Beurteilung der Führungsmethoden und der Denkweise einiger Großer des Business. Bei jedem Unternehmensführer, den wir in dieser Reihe vorstellen – sei es Bill Gates, Jack Welch, Wendelin Wiedeking oder Jorma Ollila – werfen wir einen genauen Blick darauf, wie er seine Aufgaben in Angriff nimmt. Was unterscheidet seinen Zugang von dem anderer Manager? Wo liegen seine Stärken? Und vor allem: Welche Lehren können aus seinem Erfolg gezogen werden?

Wie Sie sehen werden, handelt es sich bei diesen Lektionen nicht um alchimistische Formeln. Tatsächlich ist das Management eine eher einfache Angelegenheit. Die Theorie ist etwas für Menschen, die Zeit dafür aufbringen können.

„Unsere Leute sind hungrig nach Erfolg", sagt Jorma Ollila. „Und wir diskutieren nicht alles bis zum Erbrechen, sondern handeln lieber."[7] Machen Sie sich die besten Ideen zu eigen, denn es gibt keine einzelne, alles umfassende große Idee. Im Management und in der Wirtschaft geht es letzten Endes nur darum, Ideen in die Tat umzusetzen. Sehen Sie selbst.

Anmerkungen

1 Argyris, Chris, „Teaching smart people how to learn", in: *Harvard Business Review*, Mai-Juni 1991.
2 Mintzberg, Henry, „The new managment mind-set", in: *Leader to Leader*, Frühjahr 1997.
3 Drucker, Peter, *The Age of Discontinuity* (London: Heinemann, 1969).
4 Crainer, Stuart (Hrsg.), *The Ultimate Book of Business Quotations* (Oxford: Capstone, 1997).
5 Townsend, Robert, *Up the Organization* (vergriffen).
6 Bruce, Katherine, „How to succeed in business without an MBA." In: *Forbes*, 26. Januar 1998.
7 „Leading the field of financials", in: *industryweek*, 21.08.2000.

Aufbruch zu neuen Ufern

Bengt Holmström brannte die Frage schon lange unter den Nägeln: „Wie habt Ihr das bloß geschafft?“, fragt das frischgebackene Aufsichtsratsmitglied den Nokia-Chef Jorma Ollila am Rande einer Sitzung.[1] „Was ist Nokias Erfolgsgeheimnis?“ Vielleicht ist es das Tempo, mit dem sich der Konzern aus eigener Kraft aus der Krise befreite und kometenhaft zum Superstar auf den internationalen Börsenplätzen aufstieg. Vielleicht liegt es an der unkonventionellen Unternehmenskultur, bei der Eigenverantwortung im Vordergrund steht und Hierarchien weitgehend vermieden werden. Vielleicht hängt es auch mit dem Mann zusammen, der den Konzern dahin geführt hat, wo er heute steht: mit Jorma Ollila. Kein Zweifel, Nokia ist zur Legende geworden, ein Sinnbild für Erfolg und Zielstrebigkeit, ein nordisches Aschenputtel, das sich zur glamourösen, weltgewandten Diva der Handywelt gewandelt hat.

Nokia ist zur Legende geworden, ein Sinnbild für Erfolg und Zielstrebigkeit

Wie ein modernes Märchen liest sich die Geschichte des Konzerns in den vergangenen neun Jahren. 1998 überflügelte Nokia erstmals seine weltweiten Konkurrenten wie Motorola und Ericsson und stellte sich mit rund 27 Prozent Anteil (heute 31,6 Prozent) an die Spitze des Weltmarktes – nur sechs Jahre nach der strategischen Entscheidung, in die Wachstumsfelder der Telekommunikation aufzubrechen. Auf Holmströms Frage gibt es keine Antwort: „Wir haben kein Geheimrezept“, meint auch Ollila dazu.[2]

Nokia ist inzwischen vom finnischen Traditionsunternehmen zum Global Player geworden. Die Finnen betreiben Produktionsstätten in elf Ländern und verkaufen durch ein globales Netzwerk von Distribution, Vertrieb, Kundenservice und anderen Geschäftsbereichen ihre Produkte in nahezu jeden Winkel der Erde. Nokia ist innovativ: Jeder dritte Mitarbeiter der inzwischen 60.000 Nokianer arbeitet im Bereich Forschung und Entwicklung in einer der 52 Forschungszentren in 14 Ländern. Der Erfolg macht trendy: Die Marke „Nokia“ rangiert in einer Vergleichsstudie der Markenagentur Interbrand aus dem Jahre 2000 unter den ersten fünf bekanntesten und wertvollsten Weltmarken – knapp hinter Coca-Cola, Microsoft, IBM und Intel. Auch in Sachen Umsatz und Gewinn zeigt sich der Branchenprimus von seiner besten Seite: Im Jahre 2000 erzielte Nokia einen Gesamtumsatz von 30,4 Milliarden Euro und fuhr dabei einen satten Gewinn von 5,7 Milliarden Euro ein, eine Steigerung um 54 Prozent.

Wie von Zauberkräften beflügelt

Trotz seiner bedächtigen Art und seinem strengen Blick ist Ollila ein Visionär. Hinter der unscheinbaren Fassade verbirgt sich ein zielstrebiger Manager, konsequent führt er das Unternehmen in die Moderne. Als Ollila den Chefsessel übernahm, fackelte der damals 42-Jährige nicht lange. Die alte Garde entmachtete er, indem er viele gleichgesinnte Altersgenossen in Schlüsselpositionen berief. Gemeinsam mit

Pekka Ala-Pietilä, Matti Alahuhta, Sari Baldauf und Olli-Pekka Kallasvuo formte er ein eingeschworenes Team, das noch heute die Geschicke des Konzerns lenkt. Danach ging es Schlag auf Schlag: Ollila und sein Team setzten alles auf eine Karte – auf Handys und Mobilfunknetze. Der krisengeschüttelte Konzern wurde konsequent auf den wachsenden Telekommunikationsmarkt ausgerichtet. Wie von Zauberkräften beflügelt, erholte sich das Unternehmen. Schnell galten die bunten Nokia-Handys als Kultobjekte und Ollila als Erfolgsmanager des Jahrzehnts.

Allein in den vergangenen fünf Jahren stieg der Kurs des nordischen Vorzeigekonzerns um das 4.000-Fache, die Eigenkapitalrendite liegt bei 52 Prozent.

Doch was Nokia groß gemacht hat, drohte bald zum Risiko zu werden: die Anleger. 1994 ließ Ollila den finnischen Überflieger erstmals an der New Yorker Börse notieren. Und seit Jahren ist die Nokia-Aktie eine wahre Kursrakete. Allein in den vergangenen fünf Jahren stieg der Kurs des nordischen Vorzeigekonzerns um das 4.000-Fache, die Eigenkapitalrendite liegt inzwischen bei atemberaubenden 52 Prozent. Der Börsenwert der Firma, der im Januar 2001 rund 180 Milliarden US-Dollar betrug, steigt unaufhörlich und lässt die Börsenwelt raunen. Mit der britischen Vodafone-Gruppe leistet sich Nokia derzeit ein Kopf-an-Kopf-Rennen um das höchstbewertete Unternehmen Europas (noch liegen die Briten mit 200 Milliarden US-Dollar Börsenwert knapp in Führung). Die Kehrseite der Medaille: Bei der kleinsten Unstimmigkeit droht die Star-Aktie zu kippen. Wer als Börsenstar kometenhaft aufsteigt, der muss irgendwann auch wieder runterkommen, glauben viele Aktienhändler. „Börsianer bewegt eigentlich nur eine Frage", so das *manager magazin*: „Wie hoch kann der finnische Ikarus fliegen, ehe er abstürzt?"[3]

Nicht viel höher scheinbar. Jede Korrektur der hochgesteckten Erwartungen – ob weltweite Handyverkäufe oder eine nicht ganz so steile Wachstumskurve – interpretieren Analysten flugs als Verlustwarnung. Binnen Stunden stürzt der Kurs, bei Nokia im Sommer 2000 beispielsweise um 21 Prozent. Der Börsenwert der finnischen Firma schmolz damals wie Butter in der Sonne um 57 auf 211 Milliarden Euro. Der Kurssturz kam – wohlgemerkt – trotz einer Gewinnsteigerung von 64 Prozent. Verlustwarnungen wie auch im Fall Motorola oder Umsatzrückgänge der Handysparte von Ericsson trieben die Kurse weiter in den Keller.

Nokia Networks erwirtschaftet knapp 30 Prozent des Gesamtumsatzes

Sorgen müssen sich die Anleger trotzdem nicht: Selbst wenn das Geschäft mit den Handys abflaut, hat Nokia noch die Netzwerksparte. Obwohl Nokia Networks nicht einmal annähernd so im Rampenlicht steht wie die extrovertierte Handysparte, erwirtschaftet sie bereits heute knapp 30 Prozent des Gesamtumsatzes – der Löwenanteil von rund 70 Prozent entfällt immer noch auf das Geschäft mit Mobiltelefonen. Das Angebot der Netzwerkspezialisten bei Nokia umfasst die schlüsselfertige Lieferung von Vermittlungs- und Übertragungssystemen für fest installierte und vor allem mobile Netzinfrastrukturen. Dazu gehört auch die Projektierung, Inbetriebnahme und das Management. Bereits heute beliefern die Finnen ihre Technik an 100 Netzbetreiber in über 40 Ländern. Mit der aktuellen GPRS-Technik (General Packet Radio Service) arbeiten schon 20 Betreiber weltweit.

Tücken im Markt

Ollila und sein Team können sich zumindest in den nächsten Jahren auf die Kraft des Doppelturbos Handys und Netzwerke verlassen. Trotzdem müssen sie Acht geben, denn Konkurrenten wie Ericsson, Motorola und Siemens greifen zunehmend mit neuen, konkurrenzfähigen Modellreihen an. Sie haben die finnische Lektion beherzigt: tiefere Produktpalette, genauere Zielgruppenansprache, ausgereiftere Modelle, mehr Design. Auch Wettbewerber aus Fernost, bislang weit abgeschlagen, rüsten sich für eine globale Großoffensive. Bei der völlig neuen Generation von sogenannten UMTS-Handys (Universal Mobile Telecommunications System) wollen Konzerne wie NEC, Matsushita und Sony ihre technische Überlegenheit in der Videotechnik und bei der Miniaturisierung ausspielen. Bereits im Sommer 2001 starten die Japaner als erste Nation – noch vor den Europäern – mit dem Mobilfunk der dritten Generation (3G). Mit der neuen Netzwerktechnik erhöht sich die Geschwindigkeit der Datenübertragung um das Vierzigfache. Die neue Funktechnik – die dritte nach der analogen und der digitalen – soll ferner Kapazitätsprobleme der Funknetze lösen und gleichzeitig das Durcheinander der verschiedenen Standards auf der Welt zu einer einheitlichen Norm zusammenführen.

Die neue Funktechnik soll Kapazitätsprobleme der Funknetze lösen und gleichzeitig das Durcheinander der verschiedenen Standards auf der Welt zu einer einheitlichen Norm zusammenführen.

Auf die neue UMTS-Technik einigten sich im Dezember 1996 mehr als hundert Firmen aus aller Welt. Die damals beschworene Einigkeit hielt jedoch nicht lange. Es kam zu Streitigkeiten, unter anderem über Patente, bei denen vor allem US-Konzerne wie Motorola und Qualcomm ihre spezielle Version unter dem Kürzel CDMA 2000 (Code Division Multiple Access) mit aller Macht gegen Europäer und Asiaten verteidigten. Der Patentstreit wurde zwar 1999 beigelegt, als Ericsson die Patentrechte von Qualcomm kurzerhand im Tausch erwarb.

Vision von morgen

Voller Erwartung blickt die ganze Mobilfunkbranche jetzt nach Japan. Bereits seit zwei Jahren ist das ganze Land vom mobilen Internet-Fieber angesteckt. „Aimoodo“ nennen die Japaner die meist silbergrauen Geräte, die mehr und mehr den Walkman und den Game Boy verdrängen und Jugendlichen zu jeder Zeit und an jedem Ort Zugang zum Cyberspace verschaffen. Das nur 90 Gramm schwere Elektronikspielzeug, im Jargon der Techniker „i-mode-Phone“ genannt, ist ein Mobiltelefon, mit dem man nicht nur telefonieren kann. Auf seinem fünf mal vier Zentimeter großen Farbdisplay, der spezielle Webseiten im Miniaturformat anzeigt, kann man zum Beispiel den Bahnfahrplan und das Kinoprogramm studieren, den Kontostand bei der Bank abfragen, E-Mails an Freunde verschicken und vieles andere mehr. Seit dem Start der i-phone-Dienste im Februar 1999 haben sich schon gut zehn Millionen Japaner von unterwegs Zugang zum Internet verschafft, und täglich werden es mehr.

Seit dem Start der i-phone-Dienste im Februar 1999 haben sich schon gut zehn Millionen Japaner von unterwegs Zugang zum Internet verschafft

Der Erfolg in Japan lässt aufhorchen. Auch die Vorhersagen der Marktforscher lassen Gerätehersteller, Netzbetreiber und die Ausrüstungsindustrie ins Schwärmen geraten. Bis Ende 2002, so die von allen Seiten akzeptierte Prognose von Nokia, wird die Zahl der Mobilfunknutzer von jetzt gut 400 auf rund 700 Millionen ansteigen. „Der Megatrend", bringt Vize-President Mobile Phones Anssi Vanjoki die Entwicklung auf den Punkt, „geht weg vom Ohr, hin zu den Augen."[4] Sprachtelefonie im Mobilfunk, so sind die Nokianer überzeugt, wird es künftig praktisch als kostenloses Nebenprodukt geben. Künftig stehen Dienste und Anwendungen rund um das mobile Internet im Mittelpunkt. „Stimme, Bild, Film, Musik, Nachrichten – alles wird in einem Gerät in Taschenformat verfügbar sein", zeichnet Ollila seine Vision für morgen.[5] Und auf diese schöne, neue Internetwelt hat er das Unternehmen und sein Team vorbereitet. Mehr und mehr Forschungsaktivitäten der Finnen fließen inzwischen in die Bereiche Software und Internet-Technologie. Immer deutlicher verlagert sich die Arbeit der rund 20.000 Nokia-Ingenieure in den Forschungszentren bei Kalifornien und am arktischen Oulu weg von der herkömmlichen Mobilfunktechnik, hin zu jeglicher Art Software, die im kommenden Internet-Zeitalter eine Rolle spielen könnte.

Auch der innere Führungskreis rüstet sich wie Samurai-Krieger gewissenhaft auf die nächste Schlacht im mobilen Internet.

Eifrig tüfteln die Forscher an winzigen Web-Browsern, damit man auch mit verschiedenen mobilen Geräten Bilder und Text aus dem Internet herunterladen kann. Gearbeitet wird an Firewalls zum Schutz vor unbefugten Eindringlingen im Netz, an E-Commerce und Virenschutzprogrammen, damit man sich künftig identifizieren und ohne Probleme mit dem Handy bezahlen kann. Bereits im April 2000 bildeten die führenden Handyhersteller die MeT-Initiative – eine herstellerübergreifende Plattform für verschlüsselte mobile Bezahlsysteme. Inzwischen sind Siemens, Matsushita und Sony der Initiative beigetreten. Nicht nur im Forschungsbereich hat Ollila seine Firma auf den neuen Kurs getrimmt, sondern auch der innere Führungskreis rüstet sich wie Samurai-Krieger gewissenhaft auf die nächste Schlacht im mobilen Internet. Um künftig aus der beschränkten Rolle des Handylieferanten herauszubrechen, muss sich Nokia wie damals zu Beginn der Handyära aus eigener Kraft erfinden. Klar ist: Dank der neuen Netzwerke mit ihren superschnellen Übertragungsraten entstehen unzählige mobile Spezialgeräte für Homebanking oder zum Herunterladen von Musik – und der Markt für tragbare Elektrodiener wächst sehr viel schneller als beispielsweise der PC-Markt. Doch jetzt muss Nokia gegen die Großen der Software- und Unterhaltungselektronik antreten. Sony, Microsoft und Palm heißen die Gegner von morgen – und Ollila weiß, für den Erfolg gibt es kein Geheimrezept. „Eine ungewisse Zukunft ist besser", so sein Motto, „als eine sichere Vergangenheit."[6]

Anmerkungen

1 „Nokias Secret Code", in: *Fortune,* 08.05.2000.
2 Ebd.
3 „Handyfirma im Höhenflug", in: *Der Spiegel,* 13. 12. 99.
4 „Put the Net in your Pocket", in: *Wired,* 9/1999.
5 „Nokia", in: *Business Week,* 10. 08. 98
6 „Das Handy von Morgen – immer drin", in: *Wirtschaftswoche,* 29. 06. 2000

1 Auf das Wesentliche konzentrieren

„Die Zukunft erkennt man nicht, man schafft sie."

Stanislaw Brzozowski

Jorma Ollila ist nicht nur in Finnland schon so etwas wie eine lebende Legende. In Europa, in den USA und in China wird der 50-jährige Nokia-Chef fast wie ein Pop-Star gefeiert, heimst Auszeichnungen und Magazin-Ehrungen ein – wie andere Telefonkarten sammeln. Ollila wird weltweit wie eine Staatsperson hofiert, weil er 1992 das krisengeschüttelte Unternehmen mit einer mutigen Vision in die Moderne führte, dabei unrentable Bereiche abstieß und den traditionellen Mischkonzern innerhalb weniger Jahre zum fokussierten Telekommunikationsunternehmen machte – und ganz nebenbei der finnischen Wirtschaft einen ungeahnten Exportboom bescherte. Ollila führt Nokia seit Jahren von Erfolg zu Erfolg und gilt nicht ohne Grund als Überflieger unter Europas Top-Managern. 2000 erwirtschaftete Nokia einen Gewinn von 5,7 Milliarden Euro und schaffte so eine beneidenswerte Steigerung um 54 Prozent. Mit Vodafone leistet sich Nokia Ende 2000 ein Kopf-an-Kopf-Rennen um das höchstbewertete Unternehmen Europas (derzeit liegt das britische Telekommunikationsunternehmen 200 Milliarden US-Dollar kurz vor Nokia mit 180 Milliarden).

„Wer in diesem Markt bestehen will", sagt der Nokia-Chef, „muss sich 100-prozentig auf die Marktbedürfnisse konzentrieren."

Offene Kritik hört der Erfolgsmanager eigentlich selten – es sei denn, der Konzern organisiert eine Veranstaltung für ehemalige Nokia-Mitarbeiter. Es sind nämlich die Alten, die sich

> *„Wenn Sie ein Land mit fünf Millionen Einwohnern sind, auf einer nördlichen Halbinsel leben und eine Sprache sprechen, die außer Ihnen niemand versteht, dann sollten Sie sich auf einige wenige Dinge konzentrieren und diese besonders gut machen.“*

trauen, Ollila ab und zu ordentlich die Leviten zu lesen. „Manche Pensionäre werfen mir vor, ich hätte bei meinem Antritt einen großen Fehler begangen,“ erzählt Ollila. „Sie meinen, ich sei ein Verräter, weil ich die Geschäftsbereiche Gummistiefel, Papier und Computer verkauft habe.“[1] Was immer die Alten und Traditionalisten von Nokia auch sagen mögen – die Aktionäre beschweren sich nicht. Dank Ollila behauptet sich Nokia seit Jahren an der Spitze der globalen Telekommunikationsbranche und fährt prächtige Gewinne ein. „Wer in diesem Markt bestehen will“, sagt der Nokia-Chef dazu, „muss sich 100-prozentig auf die Marktbedürfnisse konzentrieren.“[2]

Kräfte konzentrieren

Sich auf das Wesentliche fokussieren, gehört sicherlich zu den am häufigsten verwendeten Management-Strategien überhaupt – dieses Prinzip ist richtiggehend zur Floskel verkommen. Weltklasse ist nur durch Konzentration der Kräfte zu schaffen, meinen die Befürworter. Es ist sicher vorteilhafter – so ihre Begründung – in einem Markt die Nummer eins zu sein, als in mehreren Märkten nur Mittelmaß. Stimmt –, doch entscheidend ist: Konzentriert sich das Unternehmen lediglich auf seine umsatzstärksten Sparten, oder setzen die Manager alles bisher Erreichte auf eine unbekannte Karte (– wie bei Nokia)?

Ollilas Verdienst war es, eine klare Vision für das gebeutelte Unternehmen zu formulieren, die Vorstand, Mitarbeiter und Aktionäre überzeugen konnte. „Das Zeitalter der Konglomerate ist endgültig vorbei", gab der junge Konzernchef 1992 seine Losung aus. Seine Erfolgsformel glich der Strategie, die der finnische Ministerpräsident Paavo Lipponen für das Land ausgegeben hatte: „Wenn Sie ein Land mit fünf Millionen Einwohnern sind, auf einer nördlichen Halbinsel leben und eine Sprache sprechen, die außer Ihnen niemand versteht", so Lipponen, „dann sollten Sie sich auf einige wenige Dinge konzentrieren und diese besonders gut machen."[3] Eine Lektion, die Ollila für Nokia so formulierte: „Wir müssen einen Bereich finden, wo wir unser Know-how nutzen können und der uns gleichzeitig weltweite, nicht nur lokale Wachstumschancen, offeriert."[4] Und je weiter Ollila und seine Mitstreiter in das Geschäft mit Mobiltelefonen und Netzinfrastruktur vordrangen, desto deutlicher erkannten sie, das sie diesem neuen Bereich ihre ganze Aufmerksamkeit widmen sollten.[5]

Die Anfänge

In der Theorie klingt das gut, doch in der Praxis ist das gar nicht so einfach, weil der Konzern über Jahrzehnte bereits 28 verschiedene Sparten angesammelt hatte, hauptsächlich weil die Finnen in der Diversifizierung das Allheilmittel gegen wirtschaftliche Fluktuationen sahen. Nokia wuchs in Jahrzehnten zu einem gigantischen Gemischtwarenladen heran, ein Traditionsunternehmen, das Autoreifen und Gummistiefel, Fernseher und Fußbodenbeläge, Toilettenpapier und vieles andere herstellte und damit Einnahmen von rund sechs Milliarden Mark erzielte.

Für viele Finnen symbolisierte die Marke Nokia Gummistiefel, obwohl die Firma ursprünglich als Papierfabrik begonnen hatte. Sie war 1865 von dem Bergbauingenieur Fredrik Idestam an einem Fluss nahe der Stadt Tampere errichtet worden, nachdem er in Magdeburg die Zelluloseverarbeitung als eine neue Methode der Papierherstellung kennen gelernt hatte. Die kleine Firma wuchs schnell, rund um die Fabrik entstand eine Ortschaft, die ebenso wie die Fabrik „Nokia“ genannt wurde. Woher der Begriff kommt, ist selbst in der offiziellen Firmenhistorie nicht eindeutig geklärt. Einige Finnen sehen in Nokia den umgangssprachlichen Namen für eine in Gegend vorkommende Dachsart – der „Nokinäätä“. Der Marder schmückt noch heute das Wappen der Stadt Nokia. Gegen Ende des 19. Jahrhunderts siedelten sich auch die Finnischen Gummiwerke dort an, die nach dem Ersten Weltkrieg die Mehrheit an den Finnischen Kabelwerken übernahmen. Nach und nach schmolzen die drei Firmen zusammen und wurden 1967 zur Nokia-Gruppe mit Sitz in Helsinki vereinigt.

Vor Ollila wollte bereits Kari Kairamo den Mischkonzern aus der Isolation führen. Nokia sollte moderner und globaler werden.

Aufbruch zu neuen Ufern

Anfang der achtziger Jahre lernte der damalige Firmenchef Kari Kairamo einen jungen Banker kennen, der ihm eine gründliche Renovierung seines bunten Firmenimperiums empfahl. Kairamo, dessen Büro mit Aktenordnern immer so voll gestopft war, dass er seine Besucher nur im Kaffeeraum des Konzerns empfangen konnte, war beeindruckt von der Offenheit und Zielstrebigkeit des fließend Englisch sprechenden Finnen und stellte 1985 den damals 34-jährigen Jorma Ollila als seinen Strategieberater für „Internationales“ ein.

Denn Kairamo, der 1977 zum CEO ernannt wurde, hatte einen kühnen Plan: Er wollte Nokia aus der skandinavischen Isolation führen, wollte den Schwerpunkt des Mischkonzerns weg von der traditionellen Papier- und Forstwirtschaft, hin zu neuen Hightech-Feldern verlagern. Kurzum, Nokia sollte moderner und globaler werden. Das sei die einzige Chance, so Kairamo, um zu wachsen – und als Firma zu überleben.

Um seinen Plan umzusetzen, ging Kairamo auf europaweite Einkaufstour: Im Handstreich erwarb Nokia zunächst den heimischen TV-Hersteller Salora. Später kam die Marke Luxor in Schweden dazu. 1987 übernahm Nokia die französische Unterhaltungselektronikfirma Oceanic und in Deutschland die Konsumgütersparte der Standard Elektrik Lorenz AG (SEL) mit den TV-Marken Schaub-Lorenz, ITT und Graetz. Kairamos Plan schien aufzugehen: Auf einen Schlag avancierte Nokia nach Philips und Thomson zum drittgrößten Hersteller von Fernsehgeräten in Europa.

Dann kamen Glasnost und Perestroika. Mit dem Zusammenbruch des Handels mit der früheren Sowjetunion Anfang der 90er, einst einer der größten Handelspartner Finnlands, schlitterten die Finnen immer tiefer in die Rezession, ganze Branchen gerieten in Existenznot, die Arbeitslosigkeit stieg auf 20 Prozent. Auch bei Nokia schlug die Rezession voll durch. Vorbei die Zeiten, als der Konzern einen operativen Gewinn zwischen acht und zehn Prozent des Umsatzes einstreichen konnte. Langsam wurde klar, dass Kairamos Einkaufstour in Europa teuer zu stehen kommen würde. 1988 schrammte Nokia knapp an einer Pleite vorbei, eine gründliche Renovierung war unumgänglich. Auch wenn rückblickend Kairamos strategischer Ansatz richtig war, er kam dennoch zur falschen Zeit.

Richtungswechsel

Inzwischen war Ollila im Februar 1990 zum Chef der ebenfalls angeschlagenen Handy-Division bestellt worden. Binnen sechs Monaten wollte der Vorstand hier entscheiden, ob man das Geschäft mit Handys weiterführen sollte oder nicht. Bald meldete die Handysparte jedoch Gewinnzuwächse und Umsatzrekorde. Unter eigenem Namen Mobira (Mobile Radio) hatte sich Nokia zum Handy-Marktführer in Skandinavien gemausert. Jetzt lagen die Finnen sogar bei der Entwicklung des digitalen Mobilfunks vorn. Am 1. Juli 1991 weihte der finnische Premierminister das erste landesweite GSM-Netz ein – mit einem Nokia-Gerät. Wohlwollend notierte der Vorstand die guten Leistungen von Jorma Ollila. Im Januar 1992 war es dann soweit: Um endlich aus der Krise zu kommen, war sich der Aufsichtsrat einig, müsse man einen sauberen Schnitt machen. Die Konzernwächter entschieden sich kurzerhand zu einem grundlegenden Generations- und Strategiewechsel. Und so wurde nicht der Kronprinz, der stellvertretende Vorstandsvorsitzende Kalle Isokallio, sondern überraschenderweise der tüchtige 42-jährige Ollila zum neuen Konzernchef bestellt.

> ***„Es war sehr hart, das Papiergeschäft und die Gummisparte zu verkaufen, weil diese Bereiche das Unternehmen seit dem 19. Jahrhundert geprägt haben, doch ohne Fokussierung drohte der Untergang."***

Als Ollila seinen neuen Posten übernahm, schrieb der Konzern in vielen Bereichen rote Zahlen. Ollila kannte die Bilanzen nur zu gut, immerhin war er drei Jahre lang selbst Finanzchef gewesen. Er glaubte aber sicher zu wissen, wo die Zukunft des angeschlagenen Konzerns lag. Denn während die TV-Sparte Riesenverluste verursachte und das Kabelgeschäft nur vor sich hin dümpelte, bescherte der neue Telekommunikationssektor satte Gewinne. So war die Fokussierung auf diese Sparte, die damals erst ein Zehntel zum Konzernumsatz beisteuerte, für ihn nur folgerichtig. „Bereits 1989 war uns klar", erinnerte sich Ollila im einem CNN-Interview, „dass man in diversen Sparten nur erfolgreich sein kann, wenn man dort ernsthaft investiert und sich gleichzeitig weltweit aufstellt. Das wiederum lässt sich nur rechnen, wenn man andere Sparten abgibt."[6]

Frischer Wind, neue Strukturen

Ollila wusste auch: wenn er den Konzern sanieren wollte, müsste er gnadenlos durchgreifen, den Koloss so lange trimmen, bis nur die Bereiche übrig bleiben, die im globalen Markt langfristig Gewinn und Rendite bringen würden. „Es war sehr hart, das Papiergeschäft und die Gummisparte zu verkaufen, weil diese Bereiche das Unternehmen seit dem 19. Jahrhundert geprägt haben," erinnerte er sich. „Doch ohne Fokussierung drohte der Untergang."[7]

Es war ein gewaltiges Wagnis, alles auf die Telekommunikation zu setzen. Der Markt war noch winzig und die Perspektiven ungewiss.

Im Rückblick war es ein gewaltiges Wagnis: Ollila setzte konsequent und mutig alles auf die Telekommunikation. Dabei war der Markt noch winzig und die Perspektive ungewiss. Anfang der Neunziger wurden weltweit nur einige Millionen Handys verkauft. Keiner ahnte wirklich – auch die Marktforscher nicht –, dass Handys in wenigen Jahren zu trendigen Modeartikeln werden würden und millionenfach auf der ganzen Welt ihren Dienst verrichten würden. „Ich war ja seit 1990 Chef der Handysparte", erinnerte sich Ollila. „Und ich war mir sicher, wenn wir unsere Karten richtig ausspielen, steigen wir zu den Großen auf."[8] Als der neue Chef allerdings seine Pläne offenbarte, hielt sich die Begeisterung in Grenzen: „Es gab damals viele lange Gesichter"[9], erinnert er sich.

Ollila ließ sich von den Skeptikern nicht abbringen – er stieß nicht nur die Sparten Gummi, Papier und Kabel ab, sondern trennte sich auch von den defizitären Fernsehgeräte-Fabriken, darunter die deutschen Marken Schaub-Lorenz und Graetz, die Kairamo in den achtziger Jahren zusammengekauft hatte. „Wir haben früher als die meisten anderen begriffen, was die Vorteile einer Konzentration auf die Kernfelder in einem globalen Markt bringen", bekannte Ollila später. „Um wirklich erfolgreich zu sein, muss man sich fokussieren und gleichzeitig weltweit expandieren. Vor ein paar Jahren waren wir noch in 28 Geschäftsbereichen tätig, heute sind es nur noch ein halbes Dutzend."[10]

Es war in der Tat ein radikaler Restrukturierungsprozess, ein gewaltiger Kraftakt, der zwischen 1992 und 1994 schätzungsweise knapp 350 Millionen Dollar verschlang.[11] Doch dann ging es nur noch aufwärts. Ollilas Strategie war klar: Er beschleunigte das Desinvestment der nicht zum künftigen Kerngeschäft gehörenden Aktivitäten, also sämtliche Produkte, die nichts mit Mobilfunk und Telekommunikation zu tun hatten. Gleichzeitig betrieb er die konsequente Globalisierung des Unternehmens und als letztes verstärkte er die Investitionen und Ressourcen im Forschungsbereich, damit das neue Kerngeschäft erfolgreich durchstarten konnte. Heute arbeiten rund ein Drittel der Nokia-Mitarbeiter im Forschungsbereich, die Investitionen liegen 53 Prozent höher als Mitte der neunziger Jahre.

Die richtige Welle erwischen

Nokias Erfolg ist aber auch eine Frage des richtigen Timings. Das Unternehmen schaffte es, stets schneller zu wachsen als der boomende Markt. Und das klappte nur, weil der neue Mobilfunkstandard GSM (Global System for Mobile Communication) seinen Siegeszug um die Welt antrat. Seit 1982 hatten sich Ingenieure und Software-Entwickler am neuen Digitalstandard die Zähne ausgebissen. Neuartige Leistungsmerkmale wie Roaming (telefonieren in fremden, ausländischen Netzen), sekundengenaue Abrechnung, Rufumleitungen und SMS-Dienste (160-Zeichen-Kurznachrichten) brachten die Forscher und Software-Profis fast zur Verzweifelung – scherzhaft nannten sie GSM „The Great Software Monster". Doch als Ollila bei Nokia die Zügel übernahm, etablierte sich GSM gerade in Skandinavien und in Westeuropa. Erstmals entstand ein neuer, europaweiter Markt – und Nokia scharrte in den Startlöchern.

> ***„Strategien entwickeln sich ständig weiter und passen sich den veränderten Gegebenheiten an. Wichtig ist nur, dass die richtigen Menschen an der richtigen Stelle im Konzern arbeiten."***

Nokia war folglich der erste Lieferant, der seine Handys in allen verfügbaren Standards liefern konnte. Die Finnen konnten ebenfalls rasch eine breite Produktpalette aufweisen und bedienten Kundenwünsche grundsätzlich besser und schneller als alle Wettbewerber.[12] Bald konnte Nokia aufgrund seiner Größe im globalen Wettbewerb gewisse Skaleneffekte nutzen und noch günstigere Lieferantenverträge eingehen. Die Finnen bauten Vertrieb, Logistik und Marketing konsequent aus. Der Rest ist Geschichte: Innerhalb weniger Jahre avancierte GSM zum Mobilfunkstandard weit über die europäischen Grenzen hinaus, und im Kielwasser stieg Nokia zum Branchenprimus auf.

Die Finnen hatten die Welle rechtzeitig erwischt und surften sie besser als alle anderen.

Den Vergleich mit der richtigen Welle mag Ollila nicht besonders – sie ist ihm einfach zu platt. „Strategie ist nicht einfach eine Sache, die man in einer Vorstandsitzung im Sommer 1992 beschließt, und dann hat sie zu funktionieren oder nicht“, kritisiert er. „Strategien entwickeln sich ständig weiter und passen sich den veränderten Gegebenheiten an. Wichtig ist nur, dass die richtigen Menschen an der richtigen Stelle im Konzern arbeiten, so dass alle Veränderungen rechtzeitig registriert werden und man entsprechend schnell reagieren kann.“[13] Ollila weiß wovon er spricht, denn nach GSM zündet bald die zweite Stufe der mobilen Revolution: Ab Mitte 2001 wird in Japan und anschließend in Europa und Amerika unter dem Kürzel UMTS eine neue Mobilfunk-Technik eingeführt, die das Internet tatsächlich aufs Handy holen soll. Das ist die neue Welle – noch größer als die erste: die Konvergenz von Internet und Mobilfunk.

Analysten und Experten sind sich einig: UMTS wird unsere Arbeitswelt umkrempeln, unsere bisherigen Zahlungssysteme vermutlich obsolet machen, den Austausch von und den Zugang zu Informationen auf eine neue Stufe stellen – kurzum, unseren Alltag grundlegend ändern. Nokia muss dann erneut umstrukturieren, denn nicht Handys und Netze bestimmen die Zukunft, sondern Dienste, Anwendungen, Programme. Und wie damals bereitet Ollila sein Unternehmen gewissenhaft auf das neue Zeitalter vor: Mit gewohnter Zielstrebigkeit wandelt sich Nokia jetzt zum Softwarekonzern – Fokussierung ist dabei alles.

Auf das Wesentliche konzentrieren: Der neue Telekommunikationsmarkt

Als Mischkonzern geriet Nokia Ende der achtziger Jahre in eine schwerwiegende Krise, die das Unternehmen an den Rand des Abgrundes brachte. Erst die Konzentration der Kräfte schaffte die Kehrtwende. Das Besondere der Nokia-Entscheidung: Statt sich auf traditionelle Sparten des Konzerns zu fokussieren, wagten die Manager den Aufbruch in die neue Welt der Telekommunikation.

- ***Kräfte bündeln:*** *Es gibt viele gute Gründe, die für eine Strategie der Fokussierung sprechen. Den Nokia-Managern war klar, dass der Mischkonzern über Jahrzehnte zu behäbig geworden war, um am Markt wirklich wettbewerbsfähig zu sein. Deswegen entschieden sie klar: Man wolle lieber in einem Markt die Nummer eins sein, als in mehreren Märkten nur Mittelmaß.*

- ***Vision vorgeben:*** *Ollilas Verdienst war es, eine klare Vision für das krisengeschüttelte Unternehmen zu formulieren, die Vorstand, Mitarbeiter und Aktionäre überzeugen konnte. Der erste und wichtigste Schritt: Die Abkehr von alten, ausgetretenen Pfaden und mutiger Aufbruch zu neuen Ufern. „Das Zeitalter der Konglomerate ist endgültig vorbei", gab der Konzernchef seine Losung aus. Und ganz wichtig: Der Konzern sollte seine Chancen jenseits des heimischen Marktes suchen, sich künftig in neuen, globalen Wachstumsfeldern engagieren.*

- ***Sich festlegen und durchgreifen:*** *Bei Restrukturierungen gibt es kaum Platz für Sentimentalitäten. Nokia war* *ein über hundertjähriger Traditionskonzern, der bis zur Krise viele Sparten jahrzehntelang erfolgreich geführt hatte. Ollila wusste: wenn er den Konzern sanieren wollte, muss er den Koloss gnadenlos trimmen, bis nur die Bereiche übrig bleiben, die im globalen Markt langfristig Gewinn und Rendite bringen würden. Keine leichte Entscheidung, doch unabwendbar. „Es war sehr hart, das Papiergeschäft und die Gummisparte zu verkaufen, weil diese Bereiche das Unternehmen seit dem 19. Jahrhundert geprägt haben," erinnerte er sich. „Doch ohne Fokussierung drohte der Untergang."*

- ***Mutig sein, aber nicht leichtsinnig:** Ollilas mutige Entscheidung, den Konzern ganz und gar auf die neuen Märkte der Telekommunikation auszurichten, war kein Risikospiel, sondern wohl durchdacht. Bereits als Finanzchef wusste er, welche Sparten des Konzerns gut liefen und welche nicht. Klar war, dass die TV-Sparte Riesenverluste verursachte, das Kabelgeschäft nur vor sich hin dümpelte, dafür der Telekommunikationssektor dem Konzern satte Gewinne bescherte. Dass Handys und Netzwerktechnik in wenigen Jahren ein enormes Wachstumspotenzial aufweisen würden, wusste Ollila seit seiner Zeit als Leiter der Handy-Division. Sein Richtungswechsel war ein Wagnis, doch schließlich ging seine Rechnung auf: Als er die Zügel übernahm, etablierte sich die neue GSM-Technik gerade in Skandinavien und in Westeuropa. Erstmals entstand ein neuer, europaweiter Markt – und Nokia schwenkte mit voller Kraft auf diesen ein.*

- ***Nicht kleinlich sein, in großem Stil planen:** Ohne die Fokussierung auf die neuen Wachstumsfelder der Telekommunikation hätte Nokia seine Weltklasse wohl kaum erreicht. Doch untrennbar mit der Fokussierung verbun-*

den ist die Globalisierung des Geschäftes. Ollila erkannte ganz richtig: Wer nicht die kritische Masse im globalen Handymarkt erreicht und damit Einsparungen durch seinen Größenvorteil erzielt, ist bald verloren. Er setzte alles darauf, Vertrieb, Logistik und Marketing im großen Stil auszubauen – mit durchschlagendem Erfolg.

Anmerkungen

1 „Nokia schrumpfte, um zu wachsen", in: *Handelsblatt,* 12.11.1999.
2 Ebd.
3 Ebd.
4 Ebd.
5 Ebd.
6 „Jorma Ollila", in: *Pinnacle Europe* CNN, 11.01.1998.
7 „Nokia schrumpfte, um zu wachsen", in: *Handelsblatt,* 12.11.1999.
8 „Jorma Ollila", in: *Pinnacle Europe* CNN, 11.01.1998.
9 Ebd.
10 „Spezielle Lösungen für spezielle Probleme", in: *Handelsblatt-Karriere,* 15.03.96.
11 Kröger/ Träm/ Rockenhäuser/ McGrath, *Der entschlüsselte Wachstumscode: Strategien zur Wertsteigerung von Unternehmen* (Gabler Verlag, 2000), S. 121 ff.
12 Ebd.
13 „Jorma Ollila", in: *Pinnacle Europe* CNN, 11.01.1998.

Starke Führung etablieren

„We don't need heroic fables."

Jorma Ollila über sich selbst
im Business-Week-Interview 1999

Würden Hollywood-Regisseure einen Buchhaltertypen für ihre Filme brauchen, hätte Jorma Ollila sicher den Job bekommen. Der Nokia-Chef wirkt schon äußerlich so unglaublich korrekt und ehrlich, dass man ihm getrost nicht nur das Portemonnaie überlassen würde, sondern gleich das ganze Aktiendepot. Ein rotweinseliger Abend auf der Spanischen Treppe in Rom à la Schrempp? Mit Ollila undenkbar. Der 50-jährige Nokia-Chef mit der hohen Denkerstirn und dem sorgfältig gescheitelten Haar strahlt die Seriosität eines Londoner Bankers aus. Gradlinig, verschwiegen, konservativ, bescheiden – das alles trifft auf den jungenhaften Finnen zu, dessen kometenhafter Aufstieg nicht nur in Finnland schon Legende geworden ist. Ollila ist so etwas wie der König Midas von Finnland, wie ihn die heimische Presse manchmal nennt. „Was er anpackt, ist zu Gold geworden“, sagen seine Bewunderer. Die Gegner halten sich mangels Angriffsfläche bedeckt.[1] „Wir brauchen keine Heldensagen“, zeigt sich Ollila über so viel Rummel um seine Person sichtlich verärgert. „Das passt nicht zu Nokia und ist ganz und gar nicht finnisch.“[2]

Ollila, der 50-jährige Nokia-Chef mit der hohen Denkerstirn und dem sorgfältig gescheitelten Haar, strahlt die Seriosität eines Londoner Bankers aus.

Mag sein, doch Ollila steht im Mittelpunkt einer finnischen Erfolgsgeschichte: Innerhalb von nur zehn Jahren

„Wir brauchen keine Heldensagen", zeigt sich Ollila über so viel Rummel um seine Person sichtlich verärgert.

stieg das Traditionsunternehmen Nokia vom Gemischtwarenladen zum größten Handyhersteller der Welt auf. Risiko, Phantasie und ein wenig Glück haben den Weg an die Spitze geebnet. Es ist eine Verwandlungsnummer ohne Beispiel, wie das *Handelsblatt* bemerkt.[3] Und ob er will oder nicht, der durchschlagende Erfolg von Nokia hängt untrennbar mit dem Namen Jorma Ollila zusammen.

Das ist Pech für Kari Kairamo und seinen Nachfolger Simo Vuorilehto. Denn entgegen der üblichen Berichterstattung waren sie es, die Nokia in den achtziger Jahren in die Moderne führten, weg von Kabeln und Gummistiefeln, hin zu TV-Geräten, Computer-Monitoren und Autotelefonen. Außenstehende kennen die Namen der beiden Ollila-Vorgänger kaum, sie sind heute nur noch flüchtige Fußnoten in der Erfolgs-Saga des finnischen Überfliegers. Es gab auch einen gewissen Kalle Isokallio, seit 1990 Vize-Chef und damals designierter Vuorilehto-Nachfolger. Isokallio ist heute nur noch altgedienten Nokia-Managern ein Begriff. Als der Vorstand ihn 1992 überging und Ollila überraschenderweise den Chefposten andiente, verließ er entnervt das Unternehmen.

Die Ära Kairamo

Der hemdsärmlige und charismatische Kairamo, der 1977 zum CEO ernannt wurde, kam von der traditionsreichen Forstwirtschaftssparte bei Nokia. Mit Mobiltelefonen und Computern kannte er sich nicht besonders aus. Aber eins wusste er ganz sicher: Wenn Nokia nicht als unbedeutende Firmengruppe am Rande Europas verkümmern wollte, müsste sich das Unternehmen dringend ändern. Kairamo wollte neue High-Tech-Sparten etablieren und im Ausland kräftig mitmischen – das Marktpotenzial für Handys sah er freilich nicht.

Zuerst deckten sich die Finnen im heimischen TV-Markt ein: Nokia erwarb Anfang der achtziger Jahre den Fernsehgerätehersteller Salora. Später kam der TV-Hersteller Luxor in Schweden dazu. Es war ein guter Start. Dann setzte Kairamo zum Sprung in die High-Tech-Märkte Westeuropas an. 1987 übernahm Nokia die französische Unterhaltungselektronikfirma Oceanic. Den größten Coup landete Kairamo jedoch in Deutschland: Von der Stuttgarter Standard Elektrik Lorenz AG (SEL) übernahmen die Finnen 1988 die Konsumgütersparte mit den TV-Marken Schaub-Lorenz, ITT und Graetz sowie rund 8.000 Mitarbeiter. Auf einen Schlag avancierte Nokia mit einem Anteil von 14 Prozent nach Philips und Thomson zum drittgrößten Hersteller von Fernsehapparaten in Europa. So wurde Nokia zum Symbol der Aufbruchstimmung in der finnischen Wirtschaft – der Riese, der aus der Kälte kam.

Nokia wurde zum Symbol der Aufbruchstimmung in der finnischen Wirtschaft

Es war die alte Nokia-Garde um Kari Kairamo, die die neue Marschrichtung vorgab. Doch die Leitung der neuen High-Tech-Felder überließ Kairamo jüngeren Kräften. In wenigen Jahren baute er eine dynamische und schlagkräftige zweite Garde auf, die seine Strategie fortführen sollte. Jorma Ollila, der als Nokia-Betreuer der renommierten Londoner Citibank 1985 die Seiten wechselte, wurde zum Vize-Präsidenten für Internationales bestellt. Knapp ein Jahr später wurde der damals 35-Jährige zum Finanzchef befördert. Pekka Ala-Pietilä, der 1982 als Software-Berater in der Computersparte angeheuert hatte, stieg zum Bereichsleiter der neuen Handysparte auf. Matti Alahuhta, der seine Karriere 1975 als Forscher bei Nokia Electronics anfing, leitete einen Teil der Netzwerksparte. Sari Baldauf, eine Hochschuldozentin, die 1983 im Rahmen eines dreijährigen Wissenschaftsprojektes zu Nokia kam, übernahm später als einzige Frau im Vorstand die Sparte „Cellular Systems“. Und Olli-Pekka Kallasvuo, der als Rechtsberater und Anwalt 1980 dazukam, wurde die rechte Hand des späteren Finanzchefs, Jorma Ollila. Es war eine eingeschworene Truppe aufstrebender Jungmanager, die bald ihre große Chance erhalten sollten.

> *Die Finnen sanierten, was das Zeug hielt. „Nur profitable Geschäftsbereiche werden fortgeführt.“*

Nach dem Ausflug in die Welt der TV-Hersteller waren jetzt – so Kairamo – die Computer dran. Anfang 1988 übernahm Nokia die hochdefizitäre Computersparte des schwedischen Telekommunikationskonzerns Ericsson. Die bei den Schweden als Holzhacker verspotteten Finnen durften sich nun rühmen, Skandinaviens größter Elektronikkonzern zu sein.[4] Eine fragwürdige Ehre, wie sich herausstellen sollte. Der Fernseh-Deal mit den Stuttgartern hatte den gleichen Schönheitsfehler: Bei einem Umsatz von 1,5 Milliarden Mark hatte der SEL-Ableger im Jahr der Übernahme just ein nicht unerhebliches Minus von 173 Millionen Mark erwirtschaftet. Und der Anteil im deutschen TV-Gerätemarkt war von neun auf unter sieben Prozent eingebrochen.[5] Die Finnen gaben sich gelassen. Immerhin hatte sich der Mischkonzern von Fichten zu Fernsehern entwickelt.

Verluste und Schadensbegrenzung

Im Rückblick war Kairamos Ansatz eigentlich richtig, er hatte jedoch eine gravierende Schwachstelle: Nokia war jetzt noch breiter als vorher angelegt. Der finnische Koloss drohte unter dem eigenen Gewicht zu ersticken. Langsam wurde selbst Kairamo klar, dass Nokias Aufbruch in die bitter umkämpften Märkte Europas teuer zu stehen kommen würde – bereits eine Milliarde Mark waren verpulvert worden. Vorbei die Zeiten, als der Konzern einen operativen Gewinn zwischen acht und zehn Prozent des Umsatzes einstreichen konnte. Nokia hatte sich mit den vermeintlichen Wachstumsfeldern schlichtweg verhoben. „Ohne Großakquisitionen wären wir ohne jede Zukunft geblieben“, verteidigte Kairamo-Nachfolger Simo Vuorilehto später die Zukäufe.[6]

Dann beging Kairamo Selbstmord. Für die finnische Öffentlichkeit, für Nokia und für Ollila persönlich war es eine Tragödie. Kairamo, der bekanntermaßen zu Depressionen neigte, erfüllte so etwas wie eine Mentorfunktion für den jungen Finanzchef. In der schockierten Öffentlichkeit wurde indes offen darüber spekuliert, ob der Tod des charismatischen Nokia-Chefs mit der beginnenden Krise beim Konzern zu tun haben könnte. Und erstmals berichteten die großen Tageszeitungen – entgegen der finnischen Gepflogenheit – auf den ersten Seiten über den Selbstmord des Top-Managers. Die strahlende Nokia-Fassade zeigte erste Risse.

Ollila tauschte sich mit den betroffenen Mitarbeitern an den Produktionslinien aus, bekam seine Informationen aus erster Hand.

Kairamos Nachfolger, Simo Vuorilehto, bemühte sich um Schadensbegrenzung. Im September 1991 verkaufte er die tief in den roten Zahlen geratene Computersparte an die Britische ICL, eine Tochter des japanischen Fujitsu-Konzerns. Gleichzeitig mahnte Vuorilehto: Der Unterhaltungselektronik drohe das gleiche Schicksal. „Nur profitable Geschäftsbereiche werden fortgeführt“, so der als unsentimental bekannte Nokia-Chef.[7] Es kam, wie es kommen musste: Die Finnen sanierten, was das Zeug hielt. Am härtesten traf es das Esslinger Werk in Deutschland, wo die Finnen immer noch rund ein Viertel ihrer TV-, Video- und Audiogeräte absetzten. Das einst von SEL übernommene Bildröhrenwerk mit 1.700 Mitarbeitern legten die Finnen – übrigens inzwischen unter der Ägide von Ollila – nach heftigen Protesten Ende 1994 still. Erst danach fand sich doch noch ein Käufer. Im Frühjahr nahm der japanische Matsushita-Konzern (Panasonic) die Produktion wieder auf.

Handychef Ollila

Auch bei der anfangs vielgelobten Handy-Sparte häuften sich inzwischen die Verluste. Im Februar 1990 bestellte Vuorilehto den jungen Finanzchef Ollila zum Sanierer vom Dienst – als Chef der Handy-Division. Binnen sechs Monaten – so der Vorstand – solle er doch eine Vorlage erarbeiten: Sollte Nokia das Geschäft mit Handys weiterführen, oder die angeschlagene Sparte möglichst bald abstoßen? Ollila ging sofort ans Werk. Der Ex-Banker machte sich zunächst auf zur Handyfabrik nach Salo, eine Stunde westlich von Helsinki. Dort tauschte er sich mit den betroffenen Mitarbeitern an den Produktionslinien aus, bekam seine Informationen aus erster Hand. Ollila war in seinem Element. Eine Arbeitsgruppe, die sich im Regelwerk des neuen GSM-Standards hoffnungslos verheddert hatte, brachte er zügig auf Linie. „Es waren wichtige Lehrjahre“, sollte er später dazu sagen.[8] Bereits nach vier Monaten erhielt der Vorstand seine Antwort: „Handygeschäft unbedingt ausbauen.“[9] Für Nokia – und für Ollila – war es der Beginn einer neuen Ära.

Ollila verfügte über das richtige Gespür für technische Trends

Wirtschaftlich gesehen befand sich Nokia jedoch am Anfang einer tiefen Krise, die bald ganz Finnland erfassen sollte. Jahrzehntelang bescherten Exporte in die UdSSR satte Gewinne. Dann kam der Mauerfall in Berlin, danach brach das Sowjetsystem zusammen und zog die Finnen mit in den Strudel. Die Exporte gingen zurück, ganze Branchen gerieten in Existenznot, die Arbeitslosigkeit stieg auf 20 Prozent. Für Nokia kam der niederschmetternde Tiefpunkt 1991, als eine Großbank ihren Nokia-Anteil ausgerechnet an den Handy-Rivalen Ericsson verkaufen wollte. Die Ericsson-Manager lehnten jedoch dankend ab.

Man war sich einig: Der Konzern brauchte einen Generations- und Strategiewechsel.

Mit voller Wucht traf die Rezession auch Nokia. Während der Absatz von Mobiltelefonen und Netzwerktechnik gut lief, meldeten sämtliche andere Nokia-Sparten „Land unter". Besonders die Verluste in der Unterhaltungselektronik ließen sich kaum noch eindämmen. „Braune Ware zieht den Konzern in rote Zahlen", titelte etwas poetisch, aber zutreffend das *Handelsblatt* im Juni 1992.[10] Der neue Chef der Handysparte meldete jedoch unverdrossen Gewinnzuwächse. Ollila hatte seine Führungsqualitäten eindrucksvoll bewiesen. Unter eigenem Namen hatte sich Nokia in Skandinavien inzwischen zum Handy-Marktführer gemausert. Der Kauf der britischen Firma Technophone 1991 verstärkte zusätzlich die technische Basis der Finnen. Schon jetzt lag Nokia bei der Entwicklung des digitalen Mobilfunks vorn. Ollila verfügte anscheinend über das richtige Gespür für technische Trends, konnte sich und seine Mannschaft zielstrebig zu immer neuen Höchstleistungen antreiben.

Das Jahr 1992 gilt gemeinhin als die Wendemarke für das, was man später als Modellfall oder Erfolgsstory Nokias bezeichnen sollte.[11] Es war das Jahr der Ernennung Ollilas zum neuen Vorstandsvorsitzenden. Man kann heute davon ausgehen, dass der damalige Vorstand seine Entscheidung nicht leicht nahm. Seit dem tragischen Tod von Kari Kairamo war die oberste Nokia-Führung nicht wirklich zur Ruhe gekommen. Hinter den Kulissen tobte ein Machtkampf zwischen der alten Garde und den Befürwortern einer neuen High-Tech-Strategie, die nur scheinbar mit der Ernennung von Simo Vuorilehto zur Ruhe kam. Als die allgemeine Rezession durch den Zusammenbruch des Sowjetimperiums auch Nokia erreichte, kam es im Januar 1992 zur entscheidenden Vorstandssitzung. Man war sich einig: Der Konzern brauchte einen Generations- und Strategiewechsel. Nicht der Kronprinz, der stellvertretende Vorstandsvorsitzende Kalle Isokallio, sondern der überaus erfolgreiche 42-jährige Jorma Ollila sollte fortan das Schicksal des Konzerns bestimmen. Es war ein mutiger, wenngleich überraschender Entschluss. Tags darauf nahm Isokallio seinen Hut.

Ollila wusste: wenn Nokia erfolgreich sein wollte, müsste er hart durchgreifen und dem finnischen Traditionsunternehmen eine Rosskur verordnen.

Augiasstall ausmisten

Nicht nur für Außenstehende war die Entscheidung des Vorstandes überraschend, auch Ollila fiel aus allen Wolken. Er hatte weder daraufhin gearbeitet, noch war er darauf vorbereitet gewesen, sagte er später. Doch dies war seine Chance. Als er die Konzernleitung übernahm, fand er eine Firmengruppe vor, die sich zwar schon von der Papier- und Holzproduktion weitgehend getrennt hatte, aber ein wahres Sammelsurium an Produkten herstellte. Das reichte von Fernsehgeräten und Maschinen bis zu fünf Kilo schweren Autotelefonen sowie Kabeln, Autoreifen und Gummistiefeln. Vor allem die übereilte Übernahme des deutschen Fernsehgeräte-Herstellers Standard Elektrik Lorenz hatte sich für den Mischkonzern als riskantes Abenteuer erwiesen. Ollila brauchte nur auf die Ergebnisse der einzelnen Sparten zu schauen, um schnell zu erkennen, wo die Zukunft für den angeschlagenen Konzern lag. Während die TV-Sparte Riesenverluste verursachte und der Kabelbereich nur kleine schwarze Zahlen schrieb, bescherte der Telekommunikationssektor satte Gewinne. So war die Fokussierung auf diese Sparte, die damals erst ein Zehntel zum Konzernumsatz beisteuerte, eigentlich eine logische Entscheidung. Doch ganz so einfach war das alles nicht. Ollila wusste: wenn Nokia erfolgreich sein wollte, müsste er hart durchgreifen und dem finnischen Traditionsunternehmen eine Rosskur verordnen.

Als Ollila 1985 zu Nokia kam, brachte der bescheidene Citibank-Manager etwas internationalen Flair nach Helsinki. Zwei Jahre hatte der damals 34-jährige in London gearbeitet. Seine Ausbildung war selbst für finnische Verhältnisse ungewöhnlich gut: Zunächst hatte er 1976 in Helsinki seinen Abschluss in Politikwissenschaften gemacht, anschließend an der renommierten London School of Economics einen weiteren Abschluss in Wirtschaftswissenschaften abgelegt und schließlich 1981 ein Ingenieursdiplom an der technischen Hochschule Helsinki erworben. Nach eigenen Aussagen hatte Ollila als ältester von fünf Kindern – sein Vater arbeitete als Elektroingenieur im kleinen Örtchen Vasaa in Westfinnland – eine ausgelassene Kindheit.[12] Mit 17 erhielt der strebsame Jorma – dank der Empfehlung des Schuldirektors – einen der begehrten Sti-

Ollila gibt sich stets britisch zurückhaltend, lässt sich fast nie aus der Ruhe bringen.

pendienplätze am Atlantic College in Wales, eine Einrichtung des deutschen Pädagogen und Hochschullehrers Kurt Hahn (Begründer der „Outward Bound“-Bewegung). Noch heute lassen sich die prägende Jahre seiner Karriere in Großbritannien nicht verleugnen – Ollila gibt sich stets britisch zurückhaltend, lässt sich fast nie aus der Ruhe bringen. Die Aufenthalte in Wales und London haben unverkennbar seine britische Aussprache des Englischen geprägt. Der junge Finne war strebsam, hatte wenig Zeit und Verständnis für scheinbar belanglose Dinge. Seine früheren Kommilitonen an der Universität Helsinki erinnern sich an einen äußerst zielorientierten Mitstreiter. Noch heute will Ollila Taten sehen – er hält sich wenig mit Smalltalk auf, ist kein Partylöwe. „Wir arbeiten lieber mit unseren Leuten, als zu Festessen und Cocktailpartys zu gehen“, meint Ollila noch viele Jahre später.[13] Das wird ihm bisweilen als Arroganz ausgelegt – zu Unrecht. Der Frühaufsteher, der vor Dienstbeginn schon ein Tennis-Match absolviert, fordert seinen Mitarbeitern den gleichen hohen Einsatz ab, den er selbst täglich leistet.

Der Frühaufsteher, der vor Dienstbeginn schon ein Tennis-Match absolviert, fordert seinen Mitarbeitern den gleichen hohen Einsatz ab, den er selbst täglich leistet.

Manch altgedienter Nokianer kann sich gut daran erinnern, wie Ollila als schlaksiger Finanzchef samstags seine Runden in der alten Helsinki-Zentrale drehte, und sich den Anwesenden spitzbübisch als „der Kassenwart“ vorstellte. Auch wenn Ollila wie ein Buchhalter aussehen mag, hinter der unscheinbaren Fassade verbirgt sich ein ehrgeiziger und zielstrebiger Manager. Als er den Chefsessel übernahm, fackelte er nicht lange: Die alte Garde entmachtete er, indem er viele gleichgesinnte Altersgenossen in Schlüsselpositionen berief. Dabei überging Ollila fast zwei Management-Ebenen.

„Praktisch über Nacht", bemerkte damals das angesehene *Wall Street Journal*, „verjüngte sich das Durchschnittsalter des Top-Managements um zehn Jahre."[14] Gemeinsam mit Pekka Ala-Pietilä, Matti Alahuhta, Sari Baldauf, Olli-Pekka Kallasvuo, Mikko Heikkonen sowie später Yrjöo Neuvo, Veli Sundbäck und Anssi Vanjoki scharte Ollila ein schlagkräftiges junges Management-Team um sich, das als verschworene Gemeinschaft noch heute die Geschicke des Konzerns lenkt.

> ***Ollila scharte ein schlagkräftiges junges Management-Team um sich, das als verschworene Gemeinschaft noch heute die Geschicke des Konzerns lenkt.***

Gemeinsam mit Olli-Pekka Kallasvuo, den er gleich zu Beginn zum Finanzvorstand berief, ging Ollila rasch ans Werk. Sie stießen nicht nur die Sparten Gummi, Papier und Kabel ab, sondern trennten sich auch von den Fernsehgeräte-Fabriken, darunter die deutschen Marken Schaub-Lorenz, ITT und Graetz, die der glücklose Kairamo in den achtziger Jahren zusammengekauft hatte. Neben der Handy-Sparte und dem Geschäft mit der Netztechnik behielt er noch die Produktion von Decodern für das Digitalfernsehen (d-Box) im Konzern. „Wir hatten nur eine Wahl", erinnert sich Ollila. „Entweder wir beschränken uns auf wenige Kerngebiete, oder wir gehen unter."[15]

Statt unterzugehen stieg der Konzern bald in die Weltliga auf. Gemeinsam mit seinem Team setzte Ollila alles auf eine Karte: auf Handys und Mobilfunknetze. Er richtete den krisengeschüttelten Konzern konsequent auf den wachsenden Telekommunikationsmarkt aus und baute diesen rentabelsten Bereich zielstrebig aus. „Im Mobilfunk verfügten wir über eine 20-jährige Erfahrung und einzigartiges Know-how. Wir mussten unsere Kräfte nur stärker darauf konzentrieren", erklärt Jorma Ollila die Neuausrichtung des Konzerns.[16] Der

Zeitpunkt seiner Verjüngungskur war nahezu ideal: Als Ollila die Zügel übernahm, etablierte sich gerade der GSM-Standard in Europa. Nokia wird in wenigen Jahren zum Primus in der Handywelt. Mehr als jeder dritte Mobiltelefonierer auf dem Globus kommuniziert inzwischen mit einem Nokia-Handy.

Unorthodoxe Methoden

Trotz des bemerkenswerten Vorsprungs in der Handyarena beäugt Nokia-Chef Jorma Ollila wachsam seine Verfolger. Gefährlicher als die Konkurrenz, mahnt Ollila, ist die eigene Nachlässigkeit. „Wir haben panische Angst, fett und unbeweglich zu werden“, gesteht der Nokia-Chef freimütig.[17] Ollilas Befürchtungen sind nicht ohne Grund, denn bereits einmal hatten sich die Finnen im US-Markt schlichtweg verkalkuliert – mit weitreichenden Folgen für den Konzern. So gab es 1995 kaum Kunden im wichtigen US-Markt, die ihr altes Handy für ein neues Digitalmodell von Nokia eintauschen wollten. Bei Nokia türmten sich schließlich die Lagerbestände.[18] Eine Panne folgte der nächsten: Wichtige Zulieferer konnten ihre Zusagen nicht einhalten, auch die Bereiche Beschaffung und Produktion strauchelten – schließlich legte der Überflieger aus Finnland eine veritable Bauchlandung hin. Es dauerte ganze sechs Monate, bis Ollila das Problem endlich in den Griff bekam. Eine typisch amerikanische Firma, sinniert Ollila im Rückblick, hätte ein ganzes Dutzend Manager gefeuert.[19] „Fehler kann jeder machen“, so der Chef über den Chef. „Man muss nur daraus lernen.“ Managemententscheidungen im Geschwindigkeitsrausch führten unweigerlich zu

Gefährlicher als die Konkurrenz ist die eigene Nachlässigkeit.

Fehlern und Pannen, betont auch Nokia-Vorstand Pekka Ala-Pietilä. „Entscheidend ist aber, dass man seine Niederlagen als Quelle der Erfahrung und Besserung definiert.“[20]

Hehre Worte, doch der Erfolg gibt den Finnen bislang Recht. Immerhin haben sie schneller und gründlicher aus ihren Fehlern gelernt als Konkurrenten wie Motorola und Ericsson. Seit Ollilas Antritt hat sich zudem der Management-Stil bei den Finnen stark verändert. Probleme packen die Nokianer ohne Umschweife an, sie kommunizieren direkt und ohne Umwege miteinander. Die Finnen pflegen flache Hierarchien und fördern ausdrücklich Team-Arbeit – vernetztes Denken ist in Espoo alltäglich. Die Kehrseite: Wer unter Anleitung arbeiten will, wer auf Anweisungen wartet, wer gelernt hat, den Dienstweg einzuhalten, wird es bei Nokia gewiss nicht weit bringen.

Probleme packen die Nokianer ohne Umschweife an, sie kommunizieren direkt und ohne Umwege miteinander.

Der neue Ollila-Stil passt gut zur überwiegend jungen Belegschaft – Durchschnittsalter 33 Jahre. Sie sind Nokias eigentliches Kapital. „Unsere Leute sind hungrig nach Erfolg“, meint Ollila. „Und wir diskutieren nicht alles bis zum Erbrechen, sondern handeln lieber.“[21] Wir sind einfach pragmatisch, so beschreibt Ollila gerne den Arbeitsstil seiner Mitarbeiter. „Irgendjemand muss den Ball greifen und losrennen.“ Es gehört zu den Selbstverständlichkeiten, dass neue Mitarbeiter gleich zu großer Eigenverantwortung und Selbstständigkeit ermuntert werden. Sie müssen im Konzern selbst flügge werden, ihr eigenes Netzwerk jenseits von Abteilungen und Dienstgraden etablieren. Nokia, ein Hort der Anarchie, wo jeder irgendwie irgendwas macht? Weit gefehlt. Die Finnen sind überzeugt, das ein Teil ihres Erfolges diesem kreativen Chaos bei Nokia entspringt. „Wenn man mit seinen

Fähigkeiten und Erfolgen wachsen will," predigt Ollila fast wie ein Sektenguru, „ist man bei Nokia als Organisation bestens aufgehoben."[22]

Dazu gehören Eigenschaften wie Gradlinigkeit, Ehrlichkeit, Gleichheit und Unabhängigkeit, die im Unternehmen als finnische Tugenden sorgsam gepflegt werden. „We don't snap our suspenders", bringt Ollila den Nokia-Geist sehr britisch auf den Punkt.[23] Was übersetzt soviel heißt wie: „Wir stehen nicht stramm und schlagen unsere Hacken zusammen." Deutsche Manager staunen bisweilen über die nicht-autoritären Führungsmethoden der Finnen. Was sich für sie wie schlimmste Insubordination anhört, klappt in Finnland anscheinend hervorragend. „Hierarchien im Unternehmen sind nicht besonders praktisch", meint Nokia-Manager Anssi Vanjoki. „Im ungünstigsten Fall werden Kreativität und Ausdruckskraft durch autoritäre Strukturen regelrecht unterdrückt."[24] Ein abgedroschener Satz, der direkt aus den Seminarräumen von Sozialwissenschaftlern und Politologen der siebziger Jahre entsprungen sein könnte. Doch wie kann das in einem Konzern gut gehen? Yrjö Neuvo, im Vorstand zuständig für Technik und Forschung, fand ein passendes Bild: „Wie eine Jazz-Band spielen wir ein gemeinsam Stück. Selbstverständlich haben wir dabei einen Dirigenten. Aber wir lieben die Improvisation."[25]

Eigenschaften wie Gradlinigkeit, Ehrlichkeit, Gleichheit und Unabhängigkeit werden im Unternehmen als finnische Tugenden sorgsam gepflegt.

Blick nach vorne

Damit Nokia und seine Manager nicht wie 1995 vom Erfolg überrannt oder aus der Kurve getragen werden, greift Ollila bisweilen zu ungewöhnlichen Mitteln: Kurzerhand lässt er seine Manager reihum die Posten wechseln. Sein Credo: „Führungskräfte müssen sich durch ständig wechselnde Aufgaben fit halten."

Ollila predigt das Prinzip Job-Rotation. „Man darf es sich nicht zu lange bequem machen", so Ollila schmunzelnd. Das System Nokia funktioniere nach dem Prinzip des ständigen Wissensaustausches und Querdenkens, erläutert Networks-Präsidentin Sari Baldauf, die zum eingeschworenen Team um Ollila gehört. „Wichtig sind Führungskräfte, die einen genauen Überblick über das gesamte Geschäft haben", sagt Baldauf.[26] „Wir haben wahrscheinlich die wenigsten Anweisungen und Handbücher in unserer Industrie", scherzt Ollila. „Wir sind permanent unerwarteten Herausforderungen ausgesetzt." Er selbst gibt sich bisweilen amtsmüde. „Keiner kann diesen Druck lange aushalten", räumt er freimütig in einem Interview 1998 ein. „Man kann diesen Job nicht 15 oder 20 Jahre bis zur Rente machen."[27]

Ollila ist ein Visionär, wenngleich seine bedachte Art und sein strenger Blick noch immer an den Buchhalter erinnern.

Ein Jahr später, 1999, gab Ollila das operative Geschäft an Pekka Ala-Pietilä ab. Als rechte Hand Ollilas richtet der 43-jährige President der Nokia-Gruppe jetzt das Unternehmen auf die neuen Zukunftsfelder des Internet aus. Ollila ist nach amerikanischem Vorbild gleichzeitig Chairman und CEO. Er ist weiterhin der große Stratege des Unternehmens, engagiert sich jedoch stark im Alltagsgeschäft. So berichten beispielsweise die Leiter der beiden wichtigsten Funktionen – Mobile Phones und Networks – direkt an ihn.

Schon früh muss Ollila seine Mannschaft auf die nächste große Herausforderung ausrichten: das mobile Internet. „Der Megatrend", so Vize-Präsident Mobile Phones Anssi Vanjoki, „geht weg vom Ohr, hin zu den Augen."[28] Sprachtelefonie im Mobilfunk, so sind die Nokianer überzeugt, wird es künftig nur noch als kostenloses Nebenprodukt geben. Künftig stehen Dienste und Anwendungen rund um das mobile Internet im Mittelpunkt. „Stimme, Bild, Film, Musik, Nachrichten – alles wird in einem Gerät in Taschenformat verfügbar sein", zeichnet Ollila seine Vision für morgen.[29] Einprägsam und verständlich trägt Ollila seine Botschaft in die Welt: „Das Internet soll in jede Tasche wandern."[30] Und da wartet natürlich ein Nokia-Produkt.

Kein Zweifel, Ollila ist ein Visionär, wenngleich seine bedachte Art und sein strenger Blick noch immer an den Buchhalter erinnern. Und was für ein Unternehmen wird Nokia in zehn Jahren sein? Die Antwort verrät viel über Ollila und darüber, warum es vor einer Ewigkeit richtig war, gerade ihm das Schicksal des Konzerns zu übertragen und warum Nokia heute besser als andere gerüstet ist. Seine Antwort: „Eine ungewisse Zukunft ist besser, als eine sichere Vergangenheit."[31]

Ollila und sein Team

Was ist der Erfolgsschlüssel bei Nokia ? Vielleicht ist es das Tempo, mit dem sich der träge Mischkonzern von 1992 bis heute zum wendigen Riesen für Handys und Funknetze gewandelt hat. Vielleicht liegt es an der unkonventionellen Unternehmenskultur, bei der Eigenverantwortung im Vordergrund steht und Hierarchie-Ebenen weitgehend vermieden

werden. Vielleicht hängt es auch mit dem Mann zusammen, der den Konzern dahin gebracht hat, wo er heute steht: mit Jorma Ollila. Offensichtlich bringt der 50-jährige Konzernlenker die richtigen Voraussetzungen für einen Erfolg im schnellen, preisaggressiven Handy-Geschäft mit.

- ***Neuausrichtung des Konzerns:*** *Nicht Jorma Ollila, sondern Kari Kairamo leitete die Neuausrichtung Nokias ein, der den Gemischtwarenladen zum fokussierten High-Tech-Überflieger machen sollte. Kairamo hatte Pech, denn sein Ansatz war immer noch viel zu breit – er wollte neben Handys auch eine Computer- und Fernsehsparte aufbauen. Als Ollila 1992 die Zügel übernahm, hatte er die Handy-Abteilung bei Nokia bereits zwei Jahre lang erfolgreich geführt. Er wusste, dass der Boom in Sachen Handys und Netzwerktechnik kurz bevor stand und setzte alles auf eine Karte. Gemeinsam mit Olli-Pekka Kallasvuo, den er gleich zu Beginn zum Finanzvorstand berief, stieß er nicht nur die Sparten Gummi, Papier und Kabel ab, sondern trennte sich auch von den Fernsehgeräte-Fabriken, darunter die deutschen Marken Schaub-Lorenz, ITT und Graetz, die der glücklose Kairamo in den achtziger Jahren zusammengekauft hatte. „Wir hatten nur eine Wahl", erinnert sich Ollila. „Entweder wir beschränken uns auf wenige Kerngebiete, oder wir gehen unter."*

- ***Das internationale Geschäft:*** *Mit der Fokussierung auf die profitablen Konzernsparten war jedoch nur die Hälfte der Arbeit geleistet. Um sich als Global Player zu positionieren, musste Nokia schnell den einheimischen Markt überspringen und sich international aufstellen. Ollila hatte bereits als Jungmanager viele Jahre in England verbracht und einiges an Erfahrung im Ausland gesammelt. Für die anstehende Expansion im Ausland war der neue*

Nokia-Chef der perfekte Kandidat, zumal er als Ex-Banker die Gepflogenheiten des internationalen Finanzmarktes gut kannte. Ollila verfügte nicht nur über das richtige Gespür für technische Trends, sondern erkannte, dass Nokia nur als Global Player im Handymarkt überleben würde.

- ***Entscheidung für Handys und Mobilfunknetze:*** *Ollila hat nicht – wie oft berichtet – erst 1992 sein Herz für Handys entdeckt und fortan als Konzernchef alles darauf gesetzt. Ollila war seit 1985 bei Nokia angestellt, seit 1990 als Chef der Handy-Sparte. Schon damals erkannte er klar, dass Handys und Mobilfunknetze hohe Umsätze, satte Gewinne und einen enormen Zuwachs bringen. Seine spätere Entscheidung, andere traditionelle Sparten abzugeben und sich künftig auf die lukrative Telekommunikation zu spezialisieren, reifte erst im Laufe der Folgejahre.*

- ***Team-Arbeit als Management-Methode:*** *Es wird viel über die wundersame Wandlung bei Nokia geschrieben und berichtet – und oft rückt die Person Jorma Ollila in den Blickpunkt. Doch Ollila ist „nur" der Dirigent: Das Top-Management bei Nokia besteht aus einem eng verflochtenen Team, das sich schon seit vielen Jahren sehr gut kennt. Auch wenn es zur Legendenbildung besser taugt – es ist niemals eine Person, die ein Unternehmen ausschließlich bestimmt. Gerade bei Nokia prägte stets ein kooperativer Führungsstil die Arbeit im Alltag, bis hinauf in die oberste Führungsetage. Der Erfolg Nokias ist der Erfolg der Management-Teams und seiner Mitarbeiter weltweit. „Die Arbeit des CEO", erklärt Nokia-Präsident Pekka Ala-Pietilä, „ist einfach begrenzt. Er kann niemals den Überblick über sämtliche Details haben." Ollila selbst gibt sich gewohnt bescheiden: „Wir brauchen keine Heldensagen", sagt er. „Das passt einfach nicht zu Nokia."*

- ***Unternehmenskultur:*** *Bei Nokia gehört es zur Firmenkultur, dass Eigenschaften wie Gradlinigkeit, Ehrlichkeit, Gleichheit und Unabhängigkeit als finnische Tugenden sorgsam gepflegt werden. Es gilt einfach als selbstverständlich, dass man mit seinem Chef auch Klartext redet und sagt, was einem nicht gefällt und was besser gemacht werden sollte. Probleme packen die Nokianer ohne Umschweife an, sie kommunizieren direkt und ohne Umwege miteinander. Die Finnen pflegen flache Hierarchien und fördern ausdrücklich vernetztes Denken und unorthodoxe Lösungsansätze. Diese Unternehmenskultur passt gut zu der überwiegend jungen Belegschaft – Durchschnittsalter 33 Jahre.*

- ***Persönliche Tugenden:*** *Keine Frage, hinter der Fassade des Buchhalters verbirgt sich ein ehrgeiziger und zielstrebiger Manager. Weiches Gesicht mit hoher Denkerstirn, die dunklen Haare sorgfältig mit Scheitel zurückgekämmt, hinter einer elliptischen Brille einen strengen, durchdringenden Blick, den Mund selbst beim Lächeln leicht spitzbübisch geschlossen – das ist Ollila. Eine hochgewachsene, schlaksige Figur, die Ruhe und Seriosität ausstrahlt – Ollila verkörpert in besonderer Weise viele finnische Tugenden wie Gradlinigkeit, Ehrlichkeit und Hartnäckigkeit, die ihn und Nokia zum Erfolg geführt haben. Der Begriff, den Ollila selbst im Zusammenhang mit seiner Person oft verwendet, ist „balanced". Als Kind habe er eine „ausgewogene Kindheit" gehabt. In seiner Schulzeit engagierte sich Ollila als Leiter des „Nature Club" für Naturschutzfragen – später sitzt er dem finnischen WWF-Ableger in Helsinki vor. Er interessiert sich für Tennis und andere Sportarten, ist gleichzeitig glühender Opern-Fan. „Man kann nicht gut mit Menschen umgehen", meint Ollila, „wenn man nicht selbst ein ausgewo-*

genes Leben führt." Wohl wahr, der Familienvater und Frühaufsteher Ollila wirkt zwar bedächtig, arbeitet jedoch konzentriert und zielorientiert. Auf dem Court und bei der Arbeit ist sein Volley knallhart. Fehler machen ist bei Ollila kein Kündigungsgrund, doch man sollte aus seinen Fehlern lernen und sie nicht wiederholen. Ollila ist kein extrovertierter Zampano, sondern eher ein Mensch der leisen Töne, der nur ungern im öffentlichen Rampenlicht steht. Er zeigt sich dann aber stets beherrscht und souverän, wirkt seriös und fast schon etwas langweilig. Dadurch ist er von seinen Konkurrenten in der Branche häufig unterschätzt worden. Ollila ist sicher kein Machiavelli, sondern ein Teamspieler und ein Mannschaftskapitän, der sich und andere immer wieder zu Höchstleistungen anspornen kann. Seit einigen Jahren verbringt Ollila zunehmend mehr Zeit in Amerika. Der Finne ist in den Industriekreisen der USA wohlgelitten und sitzt auch im einflussreichen Board of Directors bei Ford. Neben anderen wichtigen staatlichen Auszeichnungen ist Ollila seit 1997 Träger des Bundesverdienstkreuzes.

Anmerkungen

1 „Wie Nokia von Gummistiefeln zu Handys kam", in: *Handelsblatt,* 22.02.00.
2 „Nokia", in: *business week,* 10.08.98.
3 „Wie Nokia von Gummistiefeln zu Handys kam", in: *Handelsblatt,* 22.02.00.
4 „Hoch über Helsinki", in: *manager magazin,* 6/95.
5 „Neues Zittern", in: *Wirtschaftswoche,* 03.01.92.
6 „Hoch über Helsinki", in: *manager magazin,* 6/95.
7 „Neues Zittern", in: *Wirtschaftswoche,* 03.01.92.
8 „What makes Nokia so good", in: *Fortune,* 08.05.2000.

9 Ebd.

10 „Braune Ware zieht den Konzern in rote Zahlen“, in: *Handelsblatt,* 22.6.92.

11 „Elektroriese Nokia gerät zum Modellfall“, in: *Die Welt,* 21.09.93.

12 „Jorma Ollila“, in: *Pinnacle Europe* CNN, 11.01.98.

13 „Spezielle Lösungen für spezielle Probleme“, in: *Handelsblatt-Karriere,* 15.03.96

14 „Nokia sheds some old businesses for a New Calling“, in: *The Wall Street Journal,* 19.08.1994.

15 „Nokia schrumpfte, um zu wachsen“, in: *Handelsblatt,* 12.11.99.

16 „Hoch über Helsinki“, in: *manager magazin,* 6/95.

17 „Scared of growing fat and lazy“, in: *The Financial Times,* 10.7.95.

18 „At Nokia, a comeback", in: *business week,* 02.12.96.

19 „Nokia“, in: *business week,* 10.08.98.

20 „Leading the field of financials“, in: *industry week,* 21.08.2000.

21 Ebd.

22 Ebd.

23 „Nokia“, in: *Business Week,* 10.08.98.

24 „Put the net in your pocket“, in: *Wired,* 9/1999.

25 Ebd.

26 „Auf der Überholspur“, in: *Wirtschaftswoche,* 29.06.2000.

27 „Nokia“, in: *business week,* 10.08.98.

28 „Nokia“, in: *Business Week,* 10.08.98.

29 „What makes Nokia so good", in: *Fortune,* 08.05.2000.

30 „Nokia“, in: *Business Week,* 10.08.98.

31 „Das Handy von Morgen – immer drin“, in: *Wirtschaftswoche,* 29.06.2000.

3 Weltweit präsent sein

„Die Welt ist für uns nur ein Zusammenfassen von Relationen unter einem Maße“

Friedrich Wilhelm Nietzsche

Ari Mikkola liebt Herausforderungen der besonderen Art. Deswegen hat der Finne den Posten als Country Manager für den Verkauf von Motorola-Handys in Finnland angenommen. „Nokia ist in diesem Land eine Art Religion“, weiß Mikkola von seiner Aufgabe. Trotz seiner redlichen Bemühungen wollen die Finnen die Handys vom amerikanischen Erzrivalen Motorola partout nicht haben. Mikkola gibt nicht auf. Sicher ist nur: Er hat wohl den härtesten Verkäuferjob der Welt. Jenseits des Atlantiks dagegen haben die Nokia-Vertreter keine Probleme: Ihre Handys verkaufen sich wie warme Semmeln. Mehr als jedes dritte Handy in den USA, satte 37 Prozent, kommt aus der finnischen Hightech-Schmiede – allerdings nicht im finnischen Espoo produziert, sondern vor Ort im texanischen Fort Worth.

In 130 Ländern genießen die Finnenhandys nahezu Kultstatus.

Nicht nur in Kalifornien oder New York sind Handys mit dem Nokia-Signet echte Renner, in weiteren 130 Ländern weltweit – von Chile bis China – genießen die Finnenhandys nahezu Kultstatus. Selbst in der Wachstumsregion Asien hat Nokia sich gegenüber der Konkurrenz aus Europa und Amerika klar durchgesetzt. Schon jetzt ist China für die Finnen der zweitwichtigste Absatzmarkt nach den USA, ein Land mit über einer Milliarde Menschen, wo die Festnetztelefonie einfach übersprungen wird – gestern überhaupt kein Telefon, heute bereits ein Handy. „In wenigen Jahren ist China für uns die Nummer eins," ist Nokia-Chef Jorma Ollila sicher.[1] Bis 2003, so rechnen die Marktforscher bei Nokia vor, werden allein in China 200 Millionen Menschen per Handy telefonieren.

Keine Frage, Nokias stärkster Trumpf für die Zukunft ist seine weltweite Präsenz. Zusammen mit Motorola und Ericsson sind die Finnen in fast jedem Winkel der Erde vertreten. Als einziger ausländischer Hersteller schafften die Finnen es sogar, einen Fuß in den stark abgeschotteten japanischen Markt zu setzen. Und Nokia baut seinen Weltmarktanteil kräftig aus – im Jahr 2000 auf über 30 Prozent. Motorola und der schwedische Mischkonzern Ericsson – die einzigen verbleibenden Handyproduzenten mit Weltrang – rangieren mit jeweils 13,3 und 9,7 Prozent Marktanteil weit abgeschlagen hinter dem finnischen Primus. Den enormen Marktvorsprung haben die Finnen sogar aus eigener Kraft und ohne Dumpingpreise erstritten. Nokia-Handys sind so begehrt, dass die Finnen für ihre High-end-Produkte Premiumpreise verlangen können und deswegen satte Gewinne einstreichen. Jedes verkaufte Handy von Nokia wirft eine Rendite von knapp 20 Prozent ab. Von solchen Margen kann die Konkurrenz nur träumen, Motorola erzielt rund vier Prozent, Ericsson schreibt im Handy-Geschäft sogar Verluste.

Nokias stärkster Trumpf für die Zukunft ist seine weltweite Präsenz.

Vorsprung sichern

Wer nicht die kritische Masse erreicht und damit Einsparungen durch seinen Größenvorteil erzielt, ist bald verloren, lautet eine Grundregel für den globalen Wettbewerb. Zweite Regel: Erfolg kann man im Markt nur auf den Rängen eins bis drei haben, sonst muss man sich ganz zurückziehen oder nach Verbündeten suchen. Alles kein Problem für Nokia, denn die Finnen haben sich seit Jahren an beide Grundregeln gehalten. Die Fokussierung auf das Kerngeschäft gilt bei den Finnen als oberste Tugend. Soviel Disziplin hat sich wahrlich gelohnt, denn Nokia ist unbestritten zum erfolgreichsten Global Player in der Handy- und Telekommunikationsbranche aufgestiegen.

Erfolg kann man im Markt nur auf den Rängen eins bis drei haben, sonst muss man sich ganz zurückziehen oder nach Verbündeten suchen.

Bis es soweit war, vergingen nur neun Jahre. Als Ollila 1992 als 42-jähriger Chef der noch winzigen Handysparte die Gesamtführung bei Nokia übernahm, stand er an der Spitze eines behäbigen Mischkonzerns, der Autoreifen und Förderbänder, Fernseher und Fußbodenbeläge, Toilettenpapier und Telefone herstellte und damit Einnahmen von rund sechs Milliarden Mark erzielte. Ollila fackelte nicht lange und trennte sich rasch von den „alten“ Sparten. Er setzte alles auf die Telekommunikation – zu einer Zeit, als jeder dachte, Mobiltelefone seien ein Nischenprodukt, etwas für Geschäftsleute eben. Rückblickend war das vermutlich die beste Management-Entscheidung des Jahrzehnts, denn heute verkauft Nokia ausschließlich Hightech und setzt damit weit über 30 Milliarden Mark um. Allein die Handy-Sparte kassiert fast viermal so viel wie der ganze Konzern 1992.[2]

Die Fokussierung auf das neue Geschäft mit Handys und Netzwerktechnik war jedoch nur die halbe Miete. Schon früh erkannten die Finnen, dass der heimische Markt viel zu klein sei: So viele Handys konnten die Finnen gar nicht kaufen, wie Nokia gerne produziert hätte. Der Entschluss der Nokia-

Manager, zum Hightech-Global Player aufzusteigen, war eigentlich ganz logisch: „Uns wurde klar, dass wir unsere bisherigen Erfahrungen im Mobilfunk nutzen mussten“, erinnert sich Ollila, „damit wir weltweit – und nicht nur lokal – wachsen würden.“[3] Und bereits bei seinem Amtsantritt hatte sich Ollila vier Grundthesen notiert, die seine Arbeit in den Folgejahren leiten und bestimmen sollten: „telecom-orientated, focused, value-added“ – und ganz wichtig – „global“.[4] Das sollte die gedankliche Grundlage für die Erfolgsstory Nokia werden.

„Wer Erfolg haben will, muss raus aus der nordischen Nische.“

Um Kapital für die geplante Expansion zu erhalten, ließ Ollila den finnischen Konzern 1994 an der Wall Street notieren – das erste finnische Unternehmen überhaupt. „Will das Kapital nicht von selbst kommen“, scherzte Ollila, „muss man selbst zum Kapital hin.“ Die Marschrichtung war klar: „Wer Erfolg haben will, muss raus aus der nordischen Nische“, predigte Nokia-Sprecher Lauri Kivinen.[5] Doch es wäre falsch, den globalen Ansatz einzig Jorma Ollila zuzuschreiben. Tatsache ist, dass bereits sein Vorgänger und Mentor Kari Kairamo Anfang der achtziger Jahre die Notwendigkeit der Expansion für Nokia erkannt hatte. Der hemdsärmlige Kairamo, der 1977 zum Nokia-Chef ernannt wurde, kannte sich zwar mit Mobiltelefonen und Computern nicht besonders gut aus, doch er wusste: Wenn Nokia nicht am nördlichen Rand Europas verkümmern wollte, dann müsste der Konzern sich stärker nach Westeuropa orientieren. Kairamo wollte Nokia in die Moderne führen, das europäische Geschäft mit Fernsehern ankurbeln und die Märkte in Deutschland und Frankreich kräftig aufmischen. Das Marktpotenzial für Handys sah er allerdings nicht.

Weg von den Lumpen

Kairamos europäische Ausrichtung ist im Übrigen auch kein Novum, sondern fast schon Tradition bei Nokia. Bereits Gründervater Fredrik Idestam besann sich auf das Wohl der Märkte und Kunden im Ausland. Auf einer Studienreise in Deutschland lernte Idestam die Fertigung von Holzschliff kennen, dem Grundstoff für die Papierherstellung. Er war begeistert, denn seine Heimat Finnland, das Land der Seen und Wälder, schien ihm geradezu prädestiniert für die Papierproduktion. Für die damalige Zeit ein revolutionärer Gedanke, denn bislang waren Lumpen der übliche Grundstoff zur Papierherstellung. Zurück in Finnland gründete der 26-jährige Bergbauingenieur im Mai 1865 eine Holzschleiferei an den Stromschnellen des Tammerkoski Flusses. Wie alle innovativen Unternehmer hatte auch Idestam mit seinen damals acht Mitarbeitern keinen leichten Start: Zwar war sein Betrieb fortschrittlich und die Erzeugnisse qualitativ hochwertig, doch es haperte bei der Vermarktung. Die finnische Kundschaft war nämlich noch auf das herkömmliche Papierherstellungsverfahren geeicht und traute den neuen Holzprodukten nicht so recht. Trotzdem gab Idestam nicht auf, sondern erschloss sich zunächst Kunden außerhalb der Landesgrenzen. Er lieferte Holzschliff nach Dänemark, Deutschland, England und Russland. Langsam stieg der Absatz, doch der eigentliche Durchbruch kam erst, als der Jungunternehmer auf der Weltausstellung in Paris für seine Leistungen die Bronzemedaille erhielt.

„Entweder wir beschränken uns auf wenige Kerngebiete, oder wir gehen unter," erinnert sich Ollila.

Das Unternehmen wuchs von nun an beständig. Schon 1868 legte Idestam den Grundstein für eine neue, größere

Holzschleiferei, einem Sägewerk und einer Zellstofffabrik in der südfinnischen Stadt Nokia. Es folgte die erste Nokia-Papierfabrik mit den Produktionsschwerpunkten Wickel- und Verpackungspapier. Der Rohstoff Holz gelangte damals bequem mit Flößen auf dem Nokia-Fluss direkt in die Fabrik. 1871 entstand die Aktiengesellschaft Oy Nokia AB, deren Aktien 1915, gerade zwei Jahre nach Gründung der Börse in Helsinki, dort notiert wurden. Fest steht: ohne Idestams Umweg über das Ausland wäre Nokia womöglich nur eine weitere finnische Papiermühle geblieben.

Kairamos Ausritt

Kairamos Ansatz war ähnlich wie der des Gründervaters Idestam: Ohne neue Märkte und Kunden könne Nokia nicht wachsen, so sein Kalkül. Doch Kairamos Plan hatte einen verhängnisvollen Nachteil: Statt sich auf das Wesentliche zu konzentrieren, blähte er den Konzern gefährlich auf. Statt mehr Umsatz zu machen, kämpfte der gebeutelte Koloss bald mit zusätzlichen Problemen aus entfernten Märkten. Der fröhliche Ausritt der Finnen drohte zum Fiasko zu werden und allmählich wurde Kairamo klar, dass Nokias Aufbruch in die bitter umkämpften Märkte Europas nicht ohne Preis bleiben sollte. Der Zusammenbruch der Sowjetunion und die folgende Rezession war das endgültige Fanal zum Rückzug.

Kairamos Nachfolger, Simo Vuorilehto, versuchte zu retten, was zu retten war. Doch erst Jorma Ollila erkannte den rettenden Strohhalm: Telekommunikation. Gemeinsam mit Finanzchef Olli-Pekka Kallasvuo ging Ollila rasch zu Werk. Sie richteten den krisengeschüttelten Konzern konsequent auf den boomenden Telekommunikationsmarkt aus. Gleichzeitig stießen sie nicht nur die Sparten Gummi, Papier und Kabel ab, sondern trennten sich später auch von den Fernsehgeräte-Fabriken, die der glücklose Kairamo in den achtziger Jahren zusammengekauft hatte. „Entweder wir beschränken uns auf wenige Kerngebiete, oder wir gehen unter," erinnert sich Ollila.[6] Aber statt unterzugehen, stieg der Konzern – wie Phoenix aus der Asche – in die Weltliga auf. „Im Mobilfunk verfügten wir über eine 20-jährige Erfahrung und einzigartiges Know-how. Wir mussten unsere Kräfte nur stärker darauf konzentrieren", begründet Ollila die Neuausrichtung des Konzerns.[7]

In der Tat: die Finnen wie auch die Schweden besaßen bereits viel Erfahrung in Sachen Mobilfunk. Sie hatten schon in den siebziger Jahren das nordische Mobilfunksystem NMT etabliert. Außerhalb der Ballungsräume, und vor allem im dünnbesiedelten Norden Finnlands, war man mit dem analogen NMT 450-System (seit 1982 in Betrieb) stets gut erreichbar. Das weiterentwickelte NMT-900 (seit 1987) nutzte man vorwiegend in Städten, Ballungsräumen und entlang den Autobahnen. NMT-900 wurde übrigens nicht nur in ganz Skandinavien eingesetzt, sondern auch in den Baltischen Staaten und in der Schweiz. Bald boomte das Geschäft mit Handys und sehr früh zeichnete sich etwas ab, was 1994 in Finnland erstmals zum erstaunlichen Faktum werden sollte: Es gab kein Wachstum der Telefonanschlüsse im Festnetz mehr, die Finnen bevorzugten stattdessen Handys. Eine wichtige Feststellung, die dem jungen Handy-Chef Ollila 1990 nicht entgangen sein dürfte. Es war das erste Anzeichen dafür, wie später die mobile Revolution die Welt im Sturm erobern sollte.

Als Hauptlieferant für den noch jungen Mobilfunkbetreiber E-Plus in Düsseldorf garantierten die Finnen 1995 die Verfügbarkeit der Handys für den erwarteten Massenansturm.

Der Globale Markt

Zeitgleich mit der Entscheidung für GSM stand die von der damaligen EG-Kommission beschlossene Deregulierung des Mobilfunkmarktes an. Erstmals wurden im Wettbewerb zu den staatlichen Monopolisten private Netzbetreiber zugelassen. Die Folge: Im Nischenmarkt Mobilfunk wurden die Karten völlig neu gemischt und erstmals entstand ein europaweiter Markt auf der Basis eines noch zu entwickelnden Standards. Als Ollila die Zügel übernahm, etablierte sich gerade dieser neuer GSM-Funkstandard in Europa – die Skandinavier waren an der Entwicklung maßgeblich beteiligt. Die Amerikaner und vor allem die Japaner blieben jedoch außen vor – Vorteil Nokia. Und die Finnen nutzten ihre Chance. Sie bauten in wenigen Jahren eine wendige und schlagkräftige Handysparte auf, rüsteten sich für das globale Geschäft. Nokia wollte gleich von Anfang an die noch jungen GSM-Märkte in Europa stürmen – vor allem Großbritannien und Deutschland. Als Hauptlieferant für den noch jungen Mobilfunkbetreiber E-Plus in Düsseldorf garantierten die Finnen 1995 die Verfügbarkeit der Handys für den erwarteten Massenansturm. Ein gelungener Start der Handysparte – nur fünf Jahre später lieferte sich Nokia mit einem Marktanteil von rund 30 Prozent ein Kopf-an-Kopf-Rennen mit Siemens um die Marktführerschaft in Deutschland. Die anderen Hersteller wie Philips, Motorola, Bosch und Panasonic sind inzwischen weit abgeschlagen, Erzrivale Ericsson ist sogar unter die Fünf-Prozent-Marke eingebrochen.

> ***Ollila ließ die Nokia-Handys so bauen, dass sie durch einige wenige Veränderungen der Bauteile auch in verschiedenen Frequenzen und Standards funken können.***

Auch im US-Markt engagierten sich die Finnen frühzeitig. Doch dort gab es kein GSM-Netz, denn aus ihrer Sicht verfügten die Amerikaner mit dem sogenannten CDMA-Standard – einem Patent des Mobilfunkkonzerns Qualcomm – bereits über eine leistungsfähigere Technik als die Europäer. Und als die Beamten der Federal Communications Commission (dem amerikanischen Pendant zur deutschen Regulierungsbehörde) Mitte der neunziger Jahre die Lizenzen für den neuen digitalen Mobilfunk versteigerten, mochten sie sich auf keinen landesweiten technischen Standard festlegen. Es entstand ein wahrer Flickenteppich von Mobilfunknetzen mit verschiedenen Digitalstandards wie GSM-1900, TDMA und CDMA. Die Folge: Europäische Hersteller wie Ericsson und Siemens ließen lieber die Finger vom US-Markt und Motorola konnte sich über Jahre vor der europäischen Konkurrenz sicher fühlen. Auch in Japan war der vom staatlichen Monopolisten NTT DoCoMo favorisierte Mobilfunktechnik PDC nicht mit GSM vereinbar. Dort wurden zudem Haus- und Hoflieferanten wie Matsushita (Marke Panasonic), NEC, Mitsubishi und Fujitsu bevorzugt.

Es galt, die richtige Mischung von globalem Maßstab und lokaler Reaktionsfähigkeit zu entwickeln.

Ollila ließ fortan die Nokia-Handys so bauen, dass sie durch einige wenige Veränderungen der Bauteile auch in verschiedenen Frequenzen und Standards funken können. Ein einziges Handy für verschiedene Frequenzen gab es zwar noch nicht. Nokia konzentrierte sich jedoch darauf, im jeweiligen Funkspektrum eine ganze Palette Handys anzubieten, um alle Kundensegmente abzudecken. Doch im wichtigen amerikanischen Markt verrechneten sich die Nokia-Manager 1995 gründlich: Sie glaubten, dass die Amerikaner rasch von ihren alten Analoghandys auf die neue Generation

Digitaltelefone umsteigen würden. Eine trügerische Hoffnung, denn der ersehnte Wandel hin zur Digitaltechnik vollzog sich nur schleppend.

Die Folge: 1995 blieb Nokia auf großen Mengen neuer Handys sitzen. Zusätzlich kam es weltweit zur Verknappung an Mikrochips. Ohne die erforderlichen Bauteile kam es bei Nokia zum Produktionsstau, der Bestand an anderen Komponenten wuchs, Nokias erfolgreiche, globale Expansion geriet in die Krise.

Alle drei Sekunden fällt weltweit ein neues Nokia-Handy vom Band.

Bis dahin hatten sich die Finnen darauf konzentriert, genügend Komponenten einzukaufen, um fünf Werke in Europa, Asien und den USA zu versorgen. Ollila musste jetzt die Logistikkette neu strukturieren und dafür sorgen, dass die Lieferung der richtigen Produkte an Fabriken, Lager und Distributoren an Hunderten von Standorten auf der ganzen Welt einwandfrei funktionierte. Es galt, die richtige Mischung von globalem Maßstab und lokaler Reaktionsfähigkeit zu entwickeln. Ollila und seine eilig einberufenen Task-Teams brauchten dafür ganze sechs Monate – dann war der Schluckauf vorbei. Aus Fehlern hatten die Finnen gelernt. „Es kommt darauf an, schnell am Markt zu sein und die Logistik darauf abzustimmen, riesige Mengen herzustellen und auszuliefern“, erklärte Finanzvorstand Olli-Pekka Kallasvuo im Rückblick.[8] Deswegen lässt Nokia immer mehr Handys vor Ort produzieren: Die Produkte für den US-Markt werden unter anderem in Fort Worth, für Deutschland in Bochum und für den chinesischen Markt in Beijing produziert. Alle drei Sekunden fällt weltweit ein neues Nokia-Handy vom Band.

Wer kennt Benefon?

Es versteht sich von selbst, dass Nokias außergewöhnlicher Erfolg nicht mit einer einzigen These erklärt werden kann. Vielmehr ist es ein ganzer Komplex an Hintergründen und Zusammenhängen, die zur finnischen Erfolgsstory in Espoo geführt haben. Finnische Kultur, der Fokus auf Handys und Netztechnik, der Boom im GSM-Markt, erfolgreiches Branding, hervorragende Produkte sowie ein eingeschworenes Management-Team – das alles trifft auch auf eine andere Handyfirma zu, die es allerdings nicht zu Weltruhm gebracht hat. Und wenn es in Finnland so etwas wie das kleine gallische Dorf mit Asterix und Obelix gibt, das sich erfolgreich gegen die Übermacht der römischen Legionen wehrt, ist es die finnische Handyfirma Benefon.

Der kleinste Handyhersteller der Welt (Eigenwerbung) ist das genaue Gegenteil von Nokia: Statt Massenanbieter mit globaler Präsenz will Benefon Nischenanbieter für den Individualisten sein. Produkte, die bei Benefon „Instrumente" genannt werden, reichen von einfachen Funktelefonen bis hin zu hochwertigen Handys mit integriertem GPS-System zur Standortbestimmung per Satellit. Statt 60.000 Mitarbeitern in aller Welt wie bei Nokia tüfteln für Benefon rund 400 Angestellte in Salo an den neuen Erfindungen. Dort gibt es auch einen Chef mit Vornamen Jorma, der sogar einmal bei Nokia in Lohn und Brot stand. Gemeinsam mit zwei Kollegen gründete Jorma Nieminen Ende der achtziger Jahre das Unternehmen Benefon (im übertragenden Sinne übersetzt: das „bessere Handy") auf dem Dachboden eines Schnapsladens.

Ohne globale Präsenz, gar ohne ausreichenden Vertrieb beispielsweise in Deutschland, sind die Unterschiede zwischen Goliath und David einfach riesig: Milliardenumsätze bei Nokia, Millionenverluste bei Benefon. Während Nokia an der Börse von Triumph zu Triumph eilt, zahlt Benefon seit

1998 keine Dividende an seine Teilhaber aus. Klarer könnte es nicht sein: Mr. Benefon, Jorma Nieminen, ist eben kein Global Player.

Weltweit präsent sein – Die Rolle des Global Player

Finnland gilt gemeinhin als Nokia-Land – neun von zehn verkauften Handys stammen aus heimischer Produktion. Der überwältigende Erfolg auf dem finnischen Markt ist nicht verwunderlich, denn Nokia ist nicht nur in weiteren 130 Ländern – von Chile bis China – vertreten, Nokias Produkte genießen überall Kultstatus. Auch wenn in fernen Gefilden Nokia fälschlicherweise als japanische oder koreanische Firma bekannt ist, gelten die Minitelefone mit dem Nokia-Signet als echte Renner.

- ***Raus aus der Nische:*** *Die Fokussierung auf Handys und Netzwerktechnik ist nur die halbe Miete. Früh erkannten die Finnen, dass der heimische Markt viel zu klein ist. Der Entschluss der Nokia-Manager, zum Hightech-Global Player aufzusteigen, war eigentlich ganz logisch. Im Vergleich zu den Etablierten der Branche – Ericsson und Motorola – war Nokia Anfang der Neunziger noch ein leichtgewichtiger Aufsteiger im Handymarkt, der nach dem erklärten Willen von Konzernchef Ollila mit den Großen mitmischen wollte. „Uns war klar, dass eine gewisse Größe unabdingbar war, um als Global Player mitzumachen." Eine Erkenntnis mit Folgen: Nokia ist inzwischen explosionsartig gewachsen. Und der stärkste Trumpf der Finnen ist die weltweite Präsenz. Zusammen mit Motorola und Ericsson sind sie in fast jedem Winkel der Erde ver-*

treten. Und Nokia baut seinen Weltmarktanteil kräftig aus – im Jahr 2000 auf über 30 Prozent. Motorola und der schwedische Mischkonzern Ericsson – die einzigen verbleibenden Handyproduzenten mit Weltrang – rangieren mit jeweils 13,3 und 9,7 Prozent Marktanteil weit abgeschlagen hinter Nokia. Keiner dominiert den Handymarkt so sehr wie der Konzern, der aus der Kälte kam.

- ***Auf Wachstumsmärkte setzen:*** *Zu Beginn der neuen GSM-Welle in Europa hat sich Nokia auf die wichtigsten Märkte in Großbritannien und Deutschland konzentriert. Noch heute stehen die Finnen in beiden Ländern unangefochten an der Spitze des Marktes. Auch den wichtigen US-Markt haben die Finnen vom Erzrivalen Motorola abgerungen. Hier sind die Finnen mit 39 Prozent Marktanteil klar im Vorteil. Der wichtigste Wachstumsmarkt für Handys liegt inzwischen im asiatisch-pazifischen Raum, glauben zumindest die Finnen. China gilt bereits als zweitwichtigster Absatzmarkt nach den USA, ein Land mit über einer Milliarde Menschen, wo die Festnetztelefonie einfach übersprungen wird. Bis 2003, so rechnen die Marktforscher bei Nokia vor, werden allein in China 200 Millionen Menschen per Handy telefonieren. Der weltweite Erfolg von Nokia zeigt: Der Konzern analysiert seine Märkte genau. Dort, wo der Markt explosionsartig wächst, da reiten die Finnen die nächste Handywelle. Aber auch in den anderen Märkten baut Nokia seine dominierende Marktposition mit guten Produkten und erfolgreichem Marketing immer weiter aus. Vorsprung sichern, heißt hier die Devise.*

- ***Globales Markenimage aufbauen:*** *Ollila hatte frühzeitig begriffen: Nicht die Technik allein ist wichtig, sondern das Marketing – es geht um die Herzen der Konsumenten,* *um den emotionalen Faktor. „Für unseren Erfolg war der Auftritt mit dem Nokia-Brand als echte globale Marke entscheidend", verrät Ollila. Unter der Dachmarke „Nokia" – ein in allen Sprachen einfach zu sprechender Name – haben die Finnen verschiedene Handys für unterschiedliche Kundensegmente produziert. Zwar gibt es so etwas wie Produktfamilien und Grundmodelle, doch die Finnen passen sich den örtlichen Märkten an – sonst bleibt der Erfolg aus. In nur neun Jahren haben es Ollila und sein Management-Team geschafft, aus einer No-Name-Company eine unwiderstehliche Weltmarke zu machen, vergleichbar mit McDonalds, Levis oder Coca-Cola.*

- ***Immer vor Ort sein:*** *„Es kommt darauf an, schnell am Markt zu sein und die Logistik darauf abzustimmen, riesige Mengen herzustellen und auszuliefern", erklärt Finanzvorstand Olli-Pekka Kallasvuo. Deswegen lässt Nokia immer mehr Handys vor Ort produzieren: Die Produkte für den US-Markt werden unter anderem in Fort Worth, für Deutschland in Bochum und für den chinesischen Markt im Industriepark von Beijing produziert. Alle drei Sekunden verlässt ein neues Nokia-Handy das Förderband.*

- ***Auf das Kerngeschäft fokussieren:*** *Wer nicht die kritische Masse im globalen Handymarkt erreicht und damit Einsparungen durch seinen Größenvorteil erzielt, ist bald verloren, lautet eine Grundregel für den globalen Wettbewerb. Zweite Regel: Erfolg kann man im Markt nur auf den Rängen eins bis drei haben, sonst muss man sich ganz zurückziehen oder nach Verbündeten suchen. Alles kein Problem für Nokia, denn die Finnen haben sich seit Jahren an beide Grundregeln gehalten. Die Fokussierung auf das Kerngeschäft gilt bei den Finnen als oberste Tu-*

gend. Das hat sich gelohnt, denn Nokia ist in weniger als einem Jahrzehnt zum erfolgreichsten Global Player in der Handy- und Telekommunikationsbranche aufgestiegen.

Anmerkungen

1 „Nokia schrumpfte, um zu wachsen“, in: *Handelsblatt*, 12.11.99.
2 „Nokia's costly stumble“, in: *business week*, 14.08.2000.
3 „Handy-Firma im Höhenflug“, in: *Der Spiegel*, 13.12.99.
4 Ebd.
5 „Nokia schrumpfte, um zu wachsen“, in: *Handelsblatt*, 12.11.99.
6 „At the forefront of innovation“, in: *Financial Times*, 7.12.99.
7 „Oben mitspielen", in: *Wirtschaftswoche*, 24.11. 1994.
8 „Nokia schrumpfte, um zu wachsen“, in: *Handelsblatt*, 12.11.99.
9 „Hoch über Helsinki“, in: *manager magazin*, 6/95.
10 „Nokia“, in: *Telebörse*, 47/2000.

Technik und Design vereinen

„Mit nur einer Hand lässt sich kein Knoten knüpfen."

Mongolisches Sprichwort.

Verstohlen kramt Stefan Kirmse die neueste High-Tech-Erfindung aus seiner Sakkotasche: ein Handy, so dünn und leicht, dass es komplett in einer leeren Zigarettenschachtel hätte verschwinden können. „Das ist unsere letzte Hoffnung“, scherzt der deutsche Marketingmanager beim schwedischen Telekommunikationsriesen Ericsson. Was der Marketier im März 1999 auf der Computermesse CeBIT nur eingeweihten Branchenjournalisten offenbarte, ist mit der Bezeichnung T28s längst auf dem deutschen Markt. Mit 84 Gramm federleicht, dennoch mit feinster Technik ausgestattet – mit diesem neuen Flaggschiff wollen die Schweden ihr ramponiertes Image in der Branche aufpolieren. Es geht aber nicht nur um Image und Prestige, Ericsson buhlt mit Nokia um die Vorherrschaft auf dem größten Wachstumsmarkt der Welt – dem Markt für Mobiltelefone.[1]

Wer mit seinem Handy trendy sein will, greift lieber zur finnischen Wertarbeit.

Das Minihandy von Ericsson ist zweifelsfrei ein Achtungserfolg, doch die Schweden haben das Duell mit dem nordischen Erzrivalen Nokia längst verloren. Es war ein emotionsgeladener Streit, bemerkte das *manager magazin*. „Ein Duell zwischen zwei Völkern, die sich traditionell nicht besonders mögen.“[2] Im Wettlauf um die Führung im lukrativen Handymarkt gerät Ericsson immer weiter ins Hintertreffen. In Sachen Technik und Design schwören immer mehr Nutzer auf

Handys mit dem Nokia-Signet. Wer mit seinem Handy trendy sein will, greift lieber zur finnischen Wertarbeit. Nicht nur im Design, auch in Sachen Marketing haben die Finnen die Nase vorn – sie sind ohnehin seit Jahren unbestrittene Meister ihre Faches. Inzwischen steht fest: Die Finnen landen immer mehr Punkte beim Kunden, sie sind die klaren Sieger im Duell der Nachbarn. Doch was hat Nokia anders gemacht als Ericsson, besser und erfolgreicher umgesetzt – sogar als alle anderen Handybauer weltweit?

Das Handy ist nicht nur Statussymbol für Manager, sondern auch ein Konsumprodukt für jedermann.

Nokias Erfolgsgeheimnis lässt sich neben dem Marketing in zwei Schlagworten zusammenfassen: Technik und Design. Früher als alle anderen hat der finnische Aufsteiger erkannt, dass man mit einem einprägsamen Markennamen ausländische Märkte schneller und leichter aufrollen würde. Früher als alle anderen brachen die Finnen zu neuen Ufern auf, starteten mit globalen Werbekampagnen und einprägsamem Slogan („connecting people").

Und schließlich waren es die Finnen, die als erste begriffen: Das Handy ist nicht nur Statussymbol für Manager, sondern auch ein Konsumprodukt für jedermann – nützlich und doch persönlich wie eine Uhr. Gleichzeitig erklärte Nokia-Chef Jorma Ollila Form und Farbe für genauso wichtig wie Leiterplatinen und Lötbahnen. Damit befreite er die Nokia-Designer endlich aus ihrem Mauerblümchendasein. Im Rückblick eine überaus wichtige Weichenstellung, denn fortan bestimmten nicht mehr die Techniker, was produziert wurde, sondern ausschlaggebend waren die Bedürfnisse im Markt und somit der Kunde. Es war die eigentliche Revolution in der Handywelt, eine Palastrevolte der Marketiers gegen die

Verstaubtheit der Ingenieure. Es war schlicht der Beginn einer neuen Ära – und das nicht nur bei Nokia.

Bescheidene Anfänge

„Das Handy hat den Hund als besten Freund des Menschen abgelöst", proklamierte der Stern im Jahr 2000 in einer Sonderbeilage zum Thema Mobilfunk. Wohl wahr, zu Beginn des neuen Jahrtausends leisten sich knapp 50 Millionen Deutsche ein Handy – eine Rekordzahl. Die „persönliche Telefonzelle" ist inzwischen nicht mehr aus unserem Alltag wegzudenken. Klar ist: die neunziger Jahre werden in die Geschichtsbücher als das „Jahrzehnt des Handys" eingehen. Doch von den Anfängen bis heute ist es ein weiter Weg: 1918 wurde erstmals in Berlin-Zossen von einem Zug aus mobil kommuniziert. Schon 1926 wurde der neuartige Dienst zwischen Berlin und Hamburg für Reisende angeboten. Doch als nützliche Erfindung für die Menschheit ist die mobile Telefonie erst Ende der fünfziger Jahre aus dem Dunstkreis von Technikfreaks und Fernmeldetechnikern in Erscheinung getreten. Eine technische Vorbildung war dann zwar nicht mehr nötig, doch viele Jahre noch gelten Mobiltelefone als klobige Statussymbole für gutbetuchte Bundesbürger, als Spielzeug der Begüterten und als Privileg für wichtige Personen aus Politik und Wirtschaft.

Die neunziger Jahre werden in die Geschichtsbücher als das „Jahrzehnt des Handys" eingehen.

Eigentlich kein Wunder, denn kaum jemand konnte sich die neue Technik leisten. So kostete ein mobiles Funkgerät in den sechziger Jahren zwischen 8.000 und 15.000 Mark. Allein die Grundgebühr im damaligen deutschen A-Netz betrug bis zu 270 Mark im Monat. Das waren gesalzene Preise, wenn man bedenkt, dass ein nagelneuer VW-Käfer damals mit 5.000 Mark zu Buche schlug und ein Facharbeiter rund 7.000 Mark im Jahr verdiente. Man müsste mit heutigen Maßstäben also den Gegenwert eines Kleinwagens für ein neues Handy ausgeben.

Selbst was heute ganz selbstverständlich ist – die Mobilität – blieb lange nur ein Traum der Ingenieure. So war beispielsweise das Telefonieren während der Fahrt gar nicht möglich. Jedes Gespräch für den exklusiven Personenkreis an eine 010-Rufnummer wurde von bis zu 600 „Fräuleins vom Amt“ handvermittelt, die dafür rund um die Uhr im Einsatz waren. Verließ der Teilnehmer den Empfangsbereich, so musste er das Gespräch beenden und wenn möglich über die benachbarte Landfunkstelle neu aufbauen. Wurde er unterwegs selbst angerufen, war es fast genauso kompliziert: Das Telefonat kam nur an, wenn der Anrufer den Standort des gewünschten Teilnehmers kannte, also zwischen 30 und 50 Kilometer Umkreis. Und ein Handy wie heute einfach in der Jackentasche mitzunehmen war utopisch, denn das Ungetüm wog gut und gerne 16 Kilogramm. Einziger Vorteil: Im schneereichen Winter ersetzte das Technikmonstrum im Kofferraum den Sandsack für die Antriebsräder.

An Design dachte damals niemand, die Handys der Urzeit versprühten den Charme der Dampflok-Ära, sie wurden von Technikern für ihresgleichen konstruiert. Und was heute dem *homo mobilis* so selbstverständlich erscheint, farbige Handys, verschiedenen Produkte für verschiedene Menschen und ihre Bedürfnisse, war selbst bei Nokia in der grauen Vorzeit der Handyentwicklung so gut wie unbekannt. Vorrang

Die Handys der Urzeit versprühten den Charme der Dampflok-Ära, sie wurden von Technikern für ihresgleichen konstruiert.

hatte stets die Funktion, nicht das Aussehen. Verständlich, denn es waren ja auch die großen Industrie- und Elektronikunternehmen wie Siemens in Deutschland, Ericsson in Schweden, Alcatel in Frankreich und Motorola in den USA, die zuerst in die neuen Technik mit der mobilen Telefonie investierten. Allesamt Mischkonzerne aus einer anderen Zeit, die ihre Umsätze mit Großanlagenbau, Netzwerktechnik oder Strom erwirtschafteten. Auch Nokia – gegründet 1865 – gehörte zu dieser Riege der Traditionsunternehmen. Lange Zeit war der finnische Konzern ein Konglomerat, ein riesiger Gemischtwarenladen bekannt für Gummistiefel, Reifen, Toilettenpapier und Fernsehgeräte. Erst Mitte der 80er Jahre – dennoch viel früher als seine Konkurrenten – wandelte sich Nokia zum Handyunternehmen. Dann 1992, mit Jorma Ollila am Ruder, gelingt Nokia der Sprung in die Moderne: Aus einem schwerfälligem Dampfer wird ein elegantes Segelschiff, konsequent getrimmt auf Handykurs.

Bis 1992 baute Nokia unter dem in Skandinavien bekannten Namen „Mobira" funktionale Funkgeräte – von Design und Ergonomie keine Spur. Das erste echte Handy stellte Nokia bereits 1987 vor: den „Cityman 900". Das kantige Funktelefon erlangte kurzeitig Weltruhm, als der damalige sowjetische Staatspräsident Gorbatschow 1987 damit telefonierte. Seitdem heißt das Gerät im Volksmund einfach „Gorba". Die Finnen mochten zwar ihren „Gorba", doch das kantige Gerät war mit 790 Gramm backsteinschwer und ebenso schmucklos. Fast alle Tasten waren gleich groß, militärisch exakt in Reih und Glied angeordnet, ohne Unterscheidung von Wahl- und Funktionstasten.

Die Produkte für den Export sahen ähnlich aus. Das erste Autotelefon, das Nokia 1990 in Deutschland auf den Markt brachte, trug den verheißungsvollen Namen „Talkman 320F" – vielleicht eine Anspielung auf den von Sony 1979 erfundenen tragbaren Kassettenrekorder „Walkman". Statt eines Federgewichtes kam die finnische Erfindung jedoch als echter

Sumoringer daher: es wog satte 4,6 Kilogramm und kostete exorbitant viel. Für jedes Kilo verlangten die Finnen in Deutschland einen Tausender – und das als Einführungspreis. Immerhin, mit einem Akkupaket als Zubehör konnte man den Talkman aus der Autohalterung befreien und als portables Telefon mitnehmen – was allerdings wegen des Gewichtes nicht besonders beliebt war. Die Mobilität jenseits des Autos ließen sich die Finnen gut bezahlen, denn der dafür nötige Akkublock belastete mit gut 2.200 Mark das Portemonnaie – die wohl teuerste Batterie der Welt.

Ollila erinnert sich noch gut an die Zeit, als er 1990 Chef der winzigen Handy-Sparte bei Nokia wurde. „Wir wollten ein Rennpferd entwickeln“, scherzt er im Rückblick, „und stets kam ein Kamel heraus.“[3] Mit dem Kamel, dem „Nokia 1011“, begann jedoch ein neues Zeitalter für Nokia. Es war das erste digitale GSM-Handy überhaupt (interner Name NHE-2). Die 1011 stand übrigens für den Tag, an dem die Nokia-Manager ihren Neuling erstmals der Öffentlichkeit präsentierten, am 10.11.1992. Mit einem Gewicht von nur 475 Gramm setzte das Westentaschentelefon Maßstäbe in der Branche und stürzte bald ganz Finnland in den kollektiven Handyrausch.

Die leichte Menüführung sollte in den Folgejahren zum Kennzeichen der Nokiahandys werden.

Auch im Design ging Nokia neue Wege: Erstmals besaß ein digitales Handy abgesetzte Funktionstasten und einen großen Bildschirm; links eine grüne Taste für die Gesprächsannahme, rechts die Taste für das Beenden (übrigens bei den Schwedenhandys genau umgekehrt), darüber die Navigationstasten. Die Finnen überarbeiteten die Menüführung im Handy und heraus kam eine eingängige Software, die für den Anwender schlüssig und leicht zu bedienen war. Das war eine echte Neuheit, denn die meisten Handys mussten damals mit schwer zu merkenden Zahlencodes bedient werden, etwa *144 für die Lautstärke des Klingeltons.[4] Noch heute kann man neben der allgemeinen Menüführung die allermeisten Funktionen in Handys mit diesen Codes bedienen.

Die leichte Menüführung sollte in den Folgejahren zum Kennzeichen der Nokiahandys werden. Das Manko aller gängigen Handys – die magere Akkuleistung – konnten jedoch auch die Nokia-Techniker nicht so schnell beseitigen. Immerhin hielt eine Akkuladung ganze 90 Minuten, bevor der Stromspeicher aufgeladen werden musste. Es wird noch vier Jahre dauern, bis neue Akkus und Fortschritte in der Elektronik die Leistung der Handys deutlich verbessern.

Der Durchbruch

Im Vergleich zu den Etablierten der Branche – Ericsson und Motorola – war Nokia Anfang der Neunziger ein leichtgewichtiger, aber aggressiver Aufsteiger im Handymarkt, der nach dem erklärten Willen von Ollila und seinem Team mit den Großen mitmischen wollte. „Wir waren zwar kein Nischenanbieter mehr", erinnert sich Ollila, „dennoch war uns klar, dass eine gewisse Größe unabdingbar war, um als Global Player mitzumachen."[5] Herausforderer Nokia hatte gute Chancen, denn Selbstgefälligkeit und Ignoranz machten die übrigen Branchengrößen träge und verwundbar. Ericsson betrachtete sich noch als reinrassiger Technologiekonzern, der kaum etwas mit dem Endverbraucher zu tun haben wollte. Die Schweden waren noch tief im traditionellen Geschäft der Netzwerktechnik und Anlagenbau verwurzelt. Noch heute ist Ericsson primär ein Infrastruktur-Spezialist, der quasi nur nebenbei Handys produziert. Kein Wunder also, wenn die Schweden sich immer über den Vergleich mit Nokia beschweren. Hier würde man Äpfel mit Birnen verwechseln, schimpft Ericsson-Präsident Kurt Hellström. Richtig, dennoch muss sich das Management vorhalten lassen, dass es die Zeichen der Zeit nicht richtig erkannt hat. Gegenüber der neu aufkommenden Handywelle zeigte sich die alte Garde um Ericsson-Chef Lars Ramqvist nämlich kaum interessiert. Und intern wurde die neue Handysparte gerne als „Spielwarenladen“ verspottet.[6]

Die einstigen Schwergewichte haben Nokia nicht nur unterschätzt, sie haben auch die lukrativen Perspektiven des neuen Handymarktes nur unzureichend erkannt.

Ähnlich die Situation beim US-Giganten Motorola. Zu Beginn lief das Handygeschäft in Amerika bestens: Als Motorola sein erstes Handy 1984 vorstellte, konnten amerikanische Kunden den 1,2 Kilogramm schweren DynaTAC für rund 4.000 US-Dollar erwerben – allerdings zunächst nur in der Farbe Weiß. Nach wenigen Jahren war Motorola im US-Markt unbestrittener Branchenprimus. Jetzt wollten die Amerikaner ihren Siegeszug in Europa fortsetzen. Anfang 1994 brachten sie das „Motorola 3200“ auf den deutschen Markt, ein längliches, schweres Funktelefon, das bald den liebevollen Beinamen „Knochen“ erhielt und später zu den wenigen echten Handylegenden zählen wird. Doch nach turbulenten Jahren der Misswirtschaft befand sich der Mischkonzern mitten in einer schwerwiegenden Sanierungsphase. Und statt auf die neue Handytechnik aus Europa zu achten, waren die US-Manager mehr interessiert an hochfliegenden Plänen, wie dem Satellitensystem Iridium, das Telefonate dank tieffliegender Erdtrabanten bis in die sibirische Tundra und in den Regenwald von Borneo ermöglichen sollte. Ein verlustreiches Abenteuer, das Motorola zum Gespött der Branche machen sollte und schließlich mit dem abrupten Ausstieg aus dem Iridium-Konsortium 1999 endete.

Pannen und Fehler kannte Motorola-Chef Chris Galvin

zur Genüge, doch die Ignoranz der US-Manager im Mobilfunk war haarsträubend: Als sie den Umstieg von der analogen auf die neue, von Europa geprägte digitale Mobilfunktechnik schlicht verschliefen, brach der Marktanteil von Motorola Mitte der Neunziger Jahre dramatisch ein. Zu lange hatten sich die Amerikaner auf ihren Lorbeeren ausgeruht und Milliarden an Forschungsgeldern in die alte analoge Funktechnik in Amerika gepumpt. Ein schweres Versäumnis, denn obwohl die Amerikaner noch 1996 mit über 40 Prozent an der Spitze des Weltmarktes lagen, bröckelte der Anteil nur ein Jahr später auf 34 Prozent – der größte Geschäftseinbruch in der siebzigjährigen Geschichte des Elektronikkonzerns.[7] 1998 übernahm der finnische Senkrechtstarter Nokia erstmals sogar die globale Marktführerschaft. Anfang 2001 rangierte der einstige Klassenprimus Motorola mit nur 13 Prozent weit abgeschlagen hinter Nokia mit 31 Prozent Anteil am Weltmarkt.

Die Finnen setzten alles auf den Markennamen „Nokia".

Im Rückblick steht fest: Die einstigen Schwergewichte haben Nokia nicht nur unterschätzt, sie haben auch die lukrativen Perspektiven des neuen Handymarktes nur unzureichend erkannt. Als sie endlich aus dem Dornröschenschlaf erwachten, war es fast schon zu spät. Die Finnen nutzten jede Chance und bauten in wenigen Jahren eine wendige und schlagkräftige Handysparte auf. Es war eigentlich nur eine Frage der Zeit, bis Nokia sich an die Spitze der Handywelt setzen würde.

Das Prinzip „T-Modell"

Konsequenter und fokussierter als die Mitbewerber machten sich die Finnen ans Werk. 1994 stellten sie zwei neue Handy-

Modelle vor: Das kompakte 2110, das erstmals Daten- und Fax-tauglich war, und das günstigere Einsteigermodell Nokia 1610. Besonders das 2110 entpuppte sich rasch als Verkaufsschlager. Die Finnen wussten jedoch, dass ihr heimischer Markt zu klein für einen durchschlagenden Erfolg war, sie mussten ihre Produkte weltweit verkaufen.[8] Die Techniker bauten also die Nokia-Handys so, dass sie durch einige wenige Bauteilveränderungen an die vielen weltweit gültigen Frequenzen und Standards angepasst werden konnten – ein modulares Produktionsprinzip, das heute in der Autoindustrie gang und gäbe ist. Ein weiterer Vorteil: Bestimmte Handymodelle konnten die Finnen durch wenige Veränderungen im Produktionsprozess aufwerten. So konnten sie bei Bedarf schnell und unkompliziert neue Produktfamilien für neue Käuferschichten generieren. Dank einer ausgefeilten Logistik und ausgeklügelter Produktionsmethoden verkaufte Nokia sein Flaggschiff 2110 mit einem einzigen Grundgerät auf der ganzen Welt und deckte so die unterschiedlichen Netzstandards in Europa, den USA und Japan ab. Die Finnen hatten womöglich das Handy-Pendant zum berühmten „T-Modell“ von Ford entwickelt.

Noch tobte die Schlacht um Schaltkreise und Dioden, aber kriegsentscheidend war das Marketing – es ging um die Herzen der Konsumenten.

Im Sog des neuen GSM-Standards boomte der Handymarkt in ganz Europa. Bald setzt sich auch der „Nokia-Standard“ durch: zwei mittig angebrachte Scrolltasten, rechts und links flankiert von den Bestätigungstasten. Das überaus große Display hatte die Form eines Fernsehbildschirms im Miniformat – ein echtes Nokia-Kennzeichen. Und statt mit groben Strichpunkten zu arbeiten, investierten die Finnen in neuartige Punktmatrixdisplays, die selbst kleinste Schriften hochauflösend darstellen konnten. Das Wichtigste jedoch:

Die Finnen setzten alles auf den Markennamen „Nokia“. Die Namen „Mobira“ und „Technophone“ aus den Anfangszeiten ließ Ollila endgültig streichen.

Das Herz der Konsumenten

Waren die ersten Handys klobige Funkgeräte, die für den ständigen Einsatz einfach zu schwer waren, konzentrierten sich die Ingenieure vor allem darauf, die Mobiltelefone leichter und kleiner zu machen. Es begann ein regelrechter Wettstreit zwischen den verschiedenen Handyfirmen, wer wohl das kleinste Handy der Welt bauen könne. Ericsson, Motorola, Siemens, Panasonic, Philips, NEC, Samsung – alles was in der High-Tech-Welt Rang und Namen hatte – wollte das ultimative Handy produzieren. Es ging dabei aber nur vordergründig um Gramm oder Größe, dahinter stand vielmehr die Frage nach der besten Technik, nach den fähigsten Forschern. Nokia hatte beides. Und die Finnen ließen sich nicht aus der Ruhe bringen: Neben der Forschung und Technik baute Ollila auch Branding und Marketing konsequent aus. Er hatte begriffen: Noch tobte die Schlacht um Schaltkreise und Dioden, aber kriegsentscheidend war das Marketing – es ging um die Herzen der Konsumenten, um Image und Markennamen, um Sein und Schein. „Entscheidend war der Auftritt mit dem Nokia-Brand als echte globale Marke“, erinnert sich Ollila in einem CNN-Interview Anfang 1998.[9]

Jorma Ollila setzt dagegen: „Mobiltelefone sind Modeartikel.“

Die Finnen überließen nichts dem Zufall: Marktforscher führten akribische Erhebungen durch, Handynutzer wurden nach Vorlieben und Abneigungen befragt. Die Ergebnisse belegten das Selbstverständliche: Es gab nicht nur den einen Handynutzer, sondern viele Typen. Als erstes Handy-Unternehmen entwickelte Nokia in Folge ein Segmentierungsmodell für den Markt. Das Ergebnis waren vier unterschiedliche Typen: Highflyer (männlich, Geschäftsleute), Trendsetter (männlich, technisch orientiert, trendfixiert), Poser (männlich und weiblich, statusbewusst, Lifestyle orientiert) und Social Contact Seeker (weiblich, auf Familie und Freunde fixiert, sozialer Touch). Jeder Typ braucht selbstverständlich das passende Produkt. Das Ziel der Finnen war klar: Vom Einsteigermodell über das Business-Flaggschiff bis hin zur sogenannten Premiumklasse sollte das ganze Produktspektrum abgedeckt werden. Klar war auch, die neuen Produkte sollten sich nicht nur technisch, sondern vor allem im Design unterscheiden. Kleiner, leichter, mehr Funktionen – lautete die gängige Parole für Handyentwickler noch 1995. Doch Jorma Ollila setzt dagegen: „Mobiltelefone sind Modeartikel“, gab der 48-jährige Ex-Banker die neue Losung aus. „Es gibt immer Menschen,“ so Ollila, „die eine teure Uhr besitzen wollen und solche, die mit einem Preiswert-Modell zufrieden sind.“[10]

„Sie definierten Handymodelle konsequent nach Design und Zielgruppen.“

Nokias Zauberformel entpuppt sich im Rückblick weniger als haute cuisine, sondern als Hausmannskost: Segmentierung, Zielgruppenansprache und Design gehören in anderen Branchen bereits seit Jahrzehnten zum Grundwissen eines jeden Marketiers. In der Handywelt war sie indes neu. „Emotionale Faktoren wie Design und Bekanntheitsgrad rücken immer stärker in den Vordergrund“, erkennt zwei Jahre später eine selbstkritische Siemens-Untersuchung.[11] Die Finnen sind Pioniere: Sie sind dem Markt stets einen Schritt voraus, spüren die Trends rechtzeitig auf und setzen die Bedürfnisse ihrer Kunden gewissenhaft um. Doch Erkenntnis allein ist nicht alles, letztendlich setzt Nokia die Akzente, prägt ganze Produktzyklen. „Wir müssen es immer wieder schaffen, den Wechsel zu bestimmen", erklärt Ollila. „Die Finnen haben rechtzeitig begriffen, dass man mehr als nur Kommunikationsgeräte verkaufen musste", umschreibt Christian Foggern von der Unternehmensberatung Booz·Allen & Hamilton den finnischen Erfolg. „Sie definierten Handymodelle konsequent nach Design und Zielgruppen."

Nokia-Doppelspitze

Im Kampf um die Herrschaft im globalen Handymarkt setzte Ollila von Anfang an auf eine bewährte Doppelspitze: Entwicklungschef Yrjö Neuvo und Chefdesigner Frank Nuovo. Es war ein Novum in der Branche: Erstmals mussten sich Designer, Software-Experten und Ingenieure im finnischen Oulu und im kalifornischen San Diego intensiv mit Lifestyle-Fragen auseinandersetzen. Frank Nuovo, ein schweigsamer Designer italienischer Abstammung, der bereits seit 1989 ab und an Aufträge für Nokia übernommen hatte, zeichnete fortan für den letzten Designschliff aller Nokia-Handys verantwortlich. Nuovo und sein Team entwickelten frühzeitig die inzwischen zum Markenzeichen avancierte rundliche Handschmeichlerform der Nokia-Handys. Auch das große Display sowie die rollierende Menüführung – heute von fast allen Handyfirmen mit wenig Veränderungen übernommen – prägte der kalifornische Designer. Der erste wirklich gelungene Wurf, die Handys der 2100-Serie, wurden flugs zum Verkaufsschlager: Statt der angepeilten 400.000 Stück verkauften die Finnen über 20 Millionen Handys in alle Welt. „Verliebe dich niemals in deine erste Idee", lautet Nuovos Mantra, das er zum Leitspruch für das gesamte Entwicklungsteam machte.[12] Das wird beherzigt: Bis zu 80 Varianten werden in Vorserie gebaut und begutachtet. Welche Handys schließlich in die Endausscheidung für die Serienproduktion gehen, entscheidet das Team.

Cheftechniker Neuvo pflegt dagegen seine Aura als Visionär, der schon vor Jahren die Satelliten-Technik von Iridium verwarf, weil die Telefone monströs waren. Neuvo, dessen Namensähnlichkeit mit Nuovo zu ständigen Verwechselungen führt, ist wohl der einzige Nokia-Vorständler mit waschechter Handyhalterung samt Handy am Fahrrad. Das braucht er auch, denn – ob Sommer oder Winter – Neuvo radelt stets zur Arbeit. Der oberste Nokia-Tüftler, verantwortlich für die gesamten Forschungs- und Entwicklungsarbeiten bei Nokia, dürfte auch der einzige echte „Techie" im engeren Führungskreis sein. Als Wissenschaftler und Universitätsprofessor genießt er weltweit hohes Ansehen. Neuvo entstammt einer finnischen Gelehrtenfamilie und so erklärt sich, dass der Planet DN 1938, den ein finnischer Astronom entdeckte, auch seinen Namen trägt (der Mondkrater Väisälä wurde nach seinem Großvater benannt). Als Universitätsdozent in Tampere lehrte Neuvo 17 Jahre lang – eine unbeschwerte Zeit, die er nach eigener Aussage mit vielen Reisen als Gastdozent glücklich ausfüllte. Angeblich soll Neuvo seine akademische Karriere an dem Tag an den Nagel gehängt haben, als sich eines Tages eine Tante auf den weiten Weg nach Namibia aufmachte, um dort Schulkinder in Mathematik zu unterrichten.[13] Neuvo erkannte: selbst mit fünfzig ist es nicht zu spät, etwas ganz Neues anzufangen – und bandelte mit Nokia an.

Die Zusammenarbeit zwischen Technik und Design, zwischen den Teams von Neuvo und Nuovo, klappt hervorragend. Es geht Schlag auf Schlag, die Finnen legen ein As nach dem anderen vor: Nach der erfolgreichen Einführung der 21er-Serie kommt zunächst das 8110, wegen seiner geschwungenen Form und der herausfahrbaren Schiebeklappe schlicht „Banane" genannt. Kurz nach seiner Produkteinführung 1997 gilt die „Banane" auf Grund seines einzigartigen

Designs bereits als Klassiker. Es hält sich in Deutschland ganze 13 Monate auf Platz eins der Handy-Bestenliste der Fachzeitschrift „connect".

Das erste speziell für Asien entwickelte Handy stellt Nokia mit dem 3810 vor, das auf seinem extragroßen Display auch die Eigenheiten der fernöstlichen Sprache darstellen kann. Mit der 3110-Familie präsentiert Nokia weltweit eine neue Mittelklasse im Handymarkt. Mit nur drei Funktionstasten – eine mittig gelegene Menütaste, eine Löschtaste sowie eine Scrolltaste – kann der Anwender sämtliche Funktionen seines Handys bedienen.

Noch im August 1996 stellen die Finnen mit dem Communicator 9000 das erste „All-in-One-Handy" vor. Erstmals vereint ein einziges Gerät Fax- und Datendienste, Kalender, Internet und E-Mail. Es ist ein revolutionäres Konzept, das viele Jahre lang keinerlei Nachahmer findet und eine eigene Klasse für sich beansprucht. Trotz Tastatur und großem Display entspricht der Communicator in Größe und Gewicht den erst zwei Jahre zuvor vorgestellten Mobiltelefonen. Das „mobile Büro im Westentaschenformat" offenbart eindrucksvoll die technische Innovationskraft von Nokia, bleibt jedoch enttäuschend weit hinter den Verkaufserwartungen der Finnen zurück.

Im Februar 1998 wird endlich das betagte Flaggschiff 2110 durch den 6110 abgelöst. Die Finnen sind nervös, denn das neue Handy soll die Erfolgsgeschichte der 21er-Reihe möglichst nahtlos fortführen. Rund 20 Monate dauerte die Entwicklungszeit der neuen Königsklasse. Die Finnen machen sich umsonst Sorgen: Die 6100-Serie erobert die Märkte weltweit im Sturm. Sogar in den USA wird das neue Finnenhandy als Ausnahmeerscheinung gefeiert. Daniel Hesse, damaliger Chef von AT&T Wireless, schwärmt vom „besten Handy aller Zeiten".[14]

Das 6110 ist tatsächlich eine Meisterleistung – das erste Handy einer neuen Generation. Eine bahnbrechende Drei-

Volt-Technik für die Handyelektronik (unter anderem eine Erfindung vom Chiplieferanten Texas Instruments), sowie ein neuer Lithium-Ionen-Akku verbessern die Leistung des Handys dramatisch. Im normalen Gebrauch kommt das neue Flaggschiff fast zehn Tage ohne Stromladung aus. Erstmals bietet Nokia eine Infrarot-Schnittstelle für die Verbindung zum Notebook und im Design ist das 6110 ebenfalls ein Meilenstein in der Handy-Entwicklung: Je nach Lichteinfall verändert sich die metallische Farbe der samtig schimmernden Oberfläche. Das Chamäleon-Handy schmiegt sich nahezu perfekt in der Hand. Eine neue Doppelwipptaste im Zentrum erleichtert die Menüführung für den Anwender – Chefdesigner Nuovo lässt grüßen.

Neben der Oberklasse verjüngt Nokia auch die Mittelklasse: Markenzeichen des 5110 sind die mit einer Münze in wenigen Sekunden austauschbaren Oberschalen. Statt wie Erzrivale Ericsson die Handys in drei grellen Trendfarben auszuliefern, überlassen die Finnen die Farbwahl den Anwendern – ein Coup, der ankommt. Das ohne Infrarotschnittstelle preiswertere Nokia 5110 trifft wie kein anderes Mobiltelefon den Zeitgeist und gilt seither als das wohl erfolgreichste und meistverkaufte Handy aller Zeiten.

In Sachen Technik können die Konkurrenten mit dem Branchenprimus durchaus konkurrieren, denn die Unterschiede liegen eher im Detail

Die Finnen eilen von Erfolg zu Erfolg. Selbst als das Team von Chefdesigner Frank Nuovo 1997 erstmals Mobiltelefone ohne Antenne entwirft, geht die Truppe von Cheftechniker Yrjö Neuvo begeistert an die neue Herausforderung. Sie müssen ein neues Verfahren entwickeln, bei dem die Antenne im oberen Teil des Handys „aufgewickelt" wird – und das ohne Empfangsverluste. Die Forschung dafür verschlingt einen zweistelligen Millionenbetrag, doch am Ende kann Neuvo ein winziges chromglänzendes Handy ohne Antenne präsentieren, gerade einmal so groß wie ein Zippo-Feuerzeug. Der Nokia-Schönling geht für stolze 1.800 Mark über die Theke, doch es sei auch – so die Finnen – für Höheres bestimmt als zum banalen Plausch. „Es soll seinem Besitzer Eleganz vermitteln", klärte Europa-Manager Anssi Vanjoki auf. „Ein Objekt der Begierde", tönte selbst der sonst so bescheidene Design-Chef Frank Nuovo.

Qual der Wahl

Auch andere Hersteller wie Bosch, Philips, Panasonic, Samsung, Siemens, Sagem und Alcatel entdecken Design als verkaufsfördernd. In Schaufenstern und Vitrinen locken bald Mini-Telefone in allen erdenklichen Farben und Formen. Vom schlichten Einsteigermodell bis zum schrillen Modeobjekt ist alles dabei, was das Käuferherz begehrt.

In Sachen Technik können die Konkurrenten mit dem Branchenprimus durchaus konkurrieren, denn die Unterschiede liegen eher im Detail: Während das Top-Handy vom französischen Hersteller Sagem mit einer Freisprecheinrichtung glänzt, können Samsung und Philips-Kunden sogar per Sprache wählen. Wer sich für das neueste Bosch-Businesshandy entscheidet, bekommt ein edel-bläulich schimmerndes Display und Aluminiumtasten. Für vielreisende Manager spielen sogenannte Dual- oder Triple-Band-Handys eine immer wichtigere Rolle, beherrschen sie doch die Frequenzen im deutschen D- und E-Netz und bei Triple-Band sogar die US- oder japanische Norm. Die Dualband-Technik setzt sich bald auf breiter Front durch: Ericsson, Motorola, Siemens und Nokia produzieren bald ausschließlich Dualbandgeräte. Die meiste Erfahrung in Sachen Multi-Band besitzen übrigens nicht die Finnen, sondern der Technologiekonzern Motorola. Die Amerikaner produzieren Mehrfrequenzhandys bereits seit 1996. Sogar das Motorola v.3688, mit 84 Gramm kleinstes und leichtestes Handy der Welt, ist trotz seiner Miniabmessungen ein echtes Dual-Band-Modell.

Vision für morgen

„Stimme, Bild, Film, Musik, Nachrichten – alles wird in Taschenformat verfügbar sein", zeichnet Nokia-Chef Ollila seine Vision für morgen. Und was Ollila für den Handymarkt voraussagt, sollte man ernst nehmen. Ende 98 präsentieren die Finnen das sogenannte Mediahandy 7110. Der Clou: Sogenannte WAP-Dienste (wireless application protocoll) in den Mobilfunknetzen wie Nachrichtenmeldungen, Kontoauskünfte und Restauranttipps kann der Anwender mobil abrufen. Ollilas Vision scheint Wirklichkeit zu werden, doch trotz vollmundiger Versprechen der Netzbetreiber ist das neue WAP nicht das mobile Internet. Im Vergleich zur bunten Medienvielfalt im Internet erscheint WAP wie ein schwarz-weiß-Film aus der Stummfilm-Ära – für viele Anwender ein Flopp. Immerhin ermöglichen die neuen WAP-Handys erstmals die interaktive Abfrage von bestimmten Informationen aus dem Internet – wenngleich ohne Bilder. Kleiner Trost für Nokia: Wenigstens das 7110 wird allseits gelobt, lange Zeit ist das erste verfügbare WAP-Handy in Deutschland vergriffen. Klar ist wenigstens: beim 7110 haben Designer und Techniker sich richtig ins Zeug gelegt: Nach zwei Jahren beharrlicher Tüftelei entwickelt das Team von Yrjö Neuvo beispielsweise einen gummibeschichteten Rollknopf direkt unter dem überdimensionierten Handydisplay. Damit kann der Anwender bequem

Die Entwicklung neuer Modelle wird in Zukunft noch schneller gehen, glaubt Nokia-Chef Ollila.

mit dem Daumen durch das Menü „rollen", ein leichter Druck beim gewünschten Menüpunkt genügt, schon zeigt das Handy den Wetterbericht, die Lottoergebnisse oder die aktuellsten Börsenkurse direkt aus dem Internet an.

Die Nokianer sind emsig, die Produktzyklen werden immer kürzer. Im September 2000 wird das erst Anfang 1998 eingeführte Flaggschiff 6110 verjüngt. Das neue 6210 besticht durch seine leicht geschwungene Form, in der Hand ist sie fast perfekt ausbalanciert. Es ist bereits das vierte Nokia-Handy ohne Antenne in der Serienproduktion. Im Innern werkelt erstmals ein sogenanntes HSCSD-Modem, das dank Kanalbündelung in den Funknetzen wesentlich höhere Daten als bisher übertragen kann – für Business-Anwender ein wichtiges Kaufargument. Und selbst der inzwischen legendäre Communicator wird erneuert und kommt im Sommer 2001 mit einem neuartigen Farbdisplay auf den Markt. Die Entwicklung neuer Modelle wird in Zukunft noch schneller gehen, glaubt Nokia-Chef Ollila. „In nur drei Jahren wird es keinen der heutigen Apparate mehr geben," ist er sich sicher.[15]

Fest steht, die heutige Form der Handys wird sich dramatisch verändern. Designstudien über eine Vielzahl neuer Kommunikationsgeräte – vom rollbaren Zeitungsdisplay über winzige Empfangseinheiten, getarnt als Ohrschmuck, bis hin zum unsichtbaren Implantat – haben die Forscher bereits in ihren Schubladen liegen. Die Bandbreite der künftigen Geräteklassen und Produkte ist enorm. Nokia forscht dabei an vorderster Front, doch die Zukunftsprodukte sollen nicht voreilig auf den Markt kommen. „Wir können so gut wie alles produzieren", gibt Technik-Chef Neuvo zu, „Telefone mit einer Standby-Zeit von einem Monat oder Handys, die nicht größer sind als eine Armbanduhr. Doch die entscheidende Frage lautet: Was wollen die Kunden wirklich?"[16] Und die Nokianer wissen: Wer darauf die richtige Antwort findet, gewinnt den Markt.

Nokias Doppeltrümpfe: Technik und Design

Nokias Erfolgsgeheimnis lässt sich in zwei Schlagworten zusammenfassen: Technik und Design. Früher als alle anderen begriffen die Finnen: Das Handy ist nicht nur Statussymbol für Manager, sondern auch Konsumprodukt für jedermann. Im Kampf um die Herrschaft im globalen Handymarkt setzte Ollila von Anfang an auf eine bewährte Doppelspitze: Entwicklungschef Yrjö Neuvo und Chefdesigner Frank Nuovo. Erstmals müssen sich Designer gemeinsam mit Ingenieuren intensiv mit Lifestyle-Fragen auseinandersetzen. Denn Nokia-Chef Jorma Ollila erklärt Form und Farbe für genauso wichtig wie Leiterplatten und Lötbahnen. Damit befreit er die Nokia-Designer endlich aus ihrem Mauerblümchendasein. Es sind nicht mehr die Techniker, die allein bestimmen, was produziert wird, sondern ausschlaggebend sind die Bedürfnisse im Markt – und somit der Kunde.

- ***Leicht bedienbare Handys:*** *Nokia hat sich frühzeitig einen Namen für gute Produkte gemacht. Das erste Handy-Flagschiff, das Nokia 2110, wurde ein echter Verkaufsschlager – mehr als 20 Millionen Stück verkauften die Finnen in alle Welt. Das Geheimnis: Die Finnen hatten die Menüführung im Handy überarbeitet. Als Ergebnis kam eine eingängige Software heraus, die für den Anwender schlüssig und leicht zu bedienen war. Die eingängige Menüführung ist in den Folgejahren das Kennzeichen der Finnenhandys überhaupt. Auch das Mittelklasse-Handy 5110 wird zum Renner. Es trifft den Zeitgeist einer ganzen Generation: Preiswert und mit austauschbaren Oberschalen individuell gestaltbar wird das 5110 zum Kultgerät bei den Teens weltweit – und für Nokia zum meistverkauften Handy überhaupt.*

- ***Ein Grundmodell für viele Märkte:*** *Dank einer ausgefeilten Logistik und ausgeklügelter Produktionsmethoden verkauft Nokia sein Flaggschiff 2110 mit einem einzigen Grundgerät auf der ganzen Welt und deckt so die unterschiedlichen Netzstandards in Europa, den USA und später in Japan ab. So sind die Finnen in allen wichtigen Märkten präsent, können erfolgreich eine globale Marke aufbauen. Die Finnen haben das Handy-Pendant zum berühmten „T-Modell" von Ford entwickelt. Vorteil: Bestimmte Handymodelle kann Nokia durch wenige Veränderungen im Produktionsprozess aufwerten und bei Bedarf neue Produktfamilien für andere Käuferschichten generieren.*

- ***Zeichen der Zeit erkennen und Chancen nutzen:*** *Im Rückblick zeigt sich: Etablierte Handyfirmen wie Ericsson und Motorola haben Nokia zu Beginn nicht nur unterschätzt, sie haben auch die lukrativen Perspektiven des neuen Handymarktes nicht erkannt. Als sie endlich aus dem Dornröschenschlaf erwachten, war es fast schon zu spät. Die Finnen waren schon davon geprescht und hatten sich in wenigen Jahren erfolgreich auf den neuen Handymarkt fokussiert. Nokia wandelte sich zum wendigen und schlagkräftigen Handyunternehmen. Es war damit nur noch eine Frage der Zeit, bis sich das dynamische Nokia-Team an die Spitze der Handywelt setzen würde. Und bislang hat Nokia seine Führungsrolle nicht abgegeben.*

- ***Image ist alles:*** *Neben Forschung und Technik baute Ollila von Anfang an Branding und Marketing konsequent aus. Er wusste genau: Noch tobt die Schlacht um Schaltkreise und Dioden, aber kriegsentscheidend ist das Marketing. Es geht um die Herzen der Konsumenten, um Ima-*

ge und Markennamen, um Sein und Schein. Das Ergebnis: Ollila machte in nur acht Jahren aus dem finnischen Nobody eine Weltmarke, die 2000 im weltweiten Ranking der US-Markenagentur Interbrand erstmals unter den Top-Ten-Marken (Platz fünf) rangierte – knapp hinter Coca-Cola, Microsoft, IBM sowie Intel. In Sachen Markenidentität schwören immer mehr Nutzer auf Handys mit dem Nokia-Signet. Wer mit seinem Handy trendy sein will, greift zur finnischen Wertarbeit aus Espoo.

- ***Trends aufspüren und richtiges Timing:** Die Finnen wollen wissen, was die Handynutzer wirklich denken und fühlen. Marktforscher führen akribische Erhebungen durch, Nokia-Scouts spüren in Szeneläden die neuesten Trends auf. Am Ende zeigt sich: Es gibt nicht nur den einen Handynutzer, sondern viele Typen. Nokia entwickelt in Folge ein dezidiertes Segmentierungsmodell für den Markt. Sie sind damit dem Markt stets einen Schritt voraus, setzen die Bedürfnisse ihrer Kunden gewissenhaft um. Damit prägt Nokia ganze Produktzyklen und definiert ihre Handymodelle konsequent nach Design und Zielgruppen. Das Geheimnis des Erfolges lautet: richtiges Timing.*

Anmerkungen

1 „Keine Verbindung“, in: *manager magazin* 8/99.
2 Ebd.
3 „Handyfirma im Höhenflug“, in: *Der Spiegel,* 13.12.99.
4 „Ein Dream-Team aus den Wäldern“, in: *Financial Times Deutschland,* 17.03.2000.
5 „Jorma Ollila“, in: *Pinnacle Europe* CNN, 11.01.98.
6 „Keine Verbindung“, in: *manager magazin* 8/99.
7 „Einfach hip“, in: *Wirtschaftswoche,* 25.5.2000.
8 „Nokia Goal: The Internet in Every Pocket“, in: *International Herald Tribune,* 09.10.1999.
9 „Jorma Ollila“, in: *Pinnacle Europe* CNN, 11.01.98.
10 „Nokia setzt auf Mobilfunk-Boom“, in: *Handelsblatt,* 9.9.96.
11 „Emotionale Komponente begreifen“, in: *Wirtschaftswoche,* 26.11.98.
12 „Ein Dream-Team aus den Wäldern“, in: *Financial Times Deutschland,* 17.03.2000.
13 „Just say Nokia“, in: *Wired,* 9/99.
14 „Nokia“, in: *business week,* 10.08.98.
15 „Nokia setzt auf Mobilfunk-Boom“, in: *Handelsblatt,* 9.9.96.
16 Ebd.

5 Rechtzeitig liefern

„So much to do, so little time."

Cecil John Rhodes.

Die Erfolgsgeschichte Nokias ist inzwischen zur Legende geworden. Immer wieder berichten Journalisten von der wundersamen Wandlung des riesigen, vor sich hin dümpelnden Gemischtwarenladens zu einem schlanken und flinken High-Tech-Spezialisten. Nokia, so die einhellige Meinung der Branchenbeobachter, ist ein Musterbeispiel für den erfolgreichen Turnaround. In nur wenigen Jahren hat es das finnische No-Name-Unternehmen geschafft, sich bis in die Oberliga der Global Players zu katapultieren und vollbringt jedes Jahr das Kunststück, Gewinn und Umsatz auf Rekordhöhe zu treiben. Die Legende lebt fort: Nokia mutiert zum größten Handy-Hersteller der Welt. Heute baut der Konzern fast jedes dritte Mobiltelefon, das irgendwo auf der Erde klingelt. Und der Aufstieg Nokias bewirkte einen gigantischen Wirtschaftsaufschwung in Finnland. Allein mit Nokia-Produkten erzielen die Finnen heute knapp ein Fünftel ihres gesamten Exports.[1] Was jedoch weniger bekannt ist: Der Aufstieg vom nordischen Provinzfürsten zum polyglotten Herrscher über die moderne Handywelt lief nicht immer so glatt, wie es die Legendenbildung suggeriert. Bereits drei Jahre nachdem Jorma Ollila als neuer Nokia-Chef die Zügel des krisengeschüttelten Konzerns in die Hand nimmt, werden die Finnen Opfer ihres eigenen Erfolges.

Nokia, so die einhellige Meinung der Branchenbeobachter, ist ein Musterbeispiel für den erfolgreichen Turnaround.

Bedarf falsch eingeschätzt

Was ist geschehen? Als Ollila den Chefsessel bei Nokia einnimmt, etabliert sich gerade der GSM-Standard in Europa. Bald verfügen die Finnen als eine der ersten Firmen über ausgereifte Produkte. Ollilas Timing ist perfekt: Nokia kann sich vor lauter Aufträgen kaum retten. Zwei Jahre lang geht der Handyboom gut, doch 1995 schätzen die Finnen den Handy-Bedarf völlig falsch ein. Schleppende Absätze beispielsweise im wichtigen US-Markt führen zu dramatisch hohen Lagerbeständen.[2] Schlimm genug, doch eine Panne folgt der nächsten: Wichtige Zulieferer können ihre Zusagen nicht einhalten, auch die Bereiche Beschaffung und Produktion straucheln – schließlich legt der Überflieger eine veritable Bauchlandung hin. „Sie haben einfach die Kontrolle verloren“, unkt die *Business Week*.[3] „Ollila ist gestrauchelt“, zitiert die Londoner Financial Times einen finnischen Branchenbeobachter.[4]

Global Player müssen ein umfangreiches Netzwerk in Sachen Beschaffung, Produktion, Vertrieb und Kundenservice etablieren.

In einem der wenigen ausführlichen Interviews drei Jahre später räumt Ollila hausgemachte Probleme ein: „Wir haben das Wachstum des digitalen Mobilfunks einfach unterschätzt“, so der Nokia-Chef freimütig.[5] Klar ist, wer im schnelllebigen Handymarkt erfolgreich sein will, muss sich als Global Player aufstellen und ein umfangreiches Netzwerk in Sachen Beschaffung, Produktion, Vertrieb und Kundenservice etablieren. Schließlich will Nokia seine Produkte bald weltweit verkaufen – eine gewaltige Herausforderung in Sachen Logistik für den finnischen Aufsteiger.

Ende 1995 sieht es für Nokia in dieser Beziehung jedoch ganz düster aus: Verzögerte Halbleiterlieferungen führen zum Stillstand einiger Montagelinien, die Kosten bekommen die

Finnen nicht mehr im Griff. Tatsächlich sind Ollila und seine Manager schlichtweg überfordert. Wochenlang kann Nokia nicht liefern, der Aktienkurs bricht zeitweilig bis zur Hälfte ein. „Das sind keine unüberwindliche Probleme“, versucht Ollila noch die Wogen zu glätten.[6] Es sei lediglich ein „Ausrutscher“, bemüht sich der Nokia-Chef um Schadensbegrenzung.[7] Schützenhilfe bekommt der Nokia-Chef ausgerechnet vom nordischen Erzrivalen Ericsson. „Das ist nur ein kleiner Schluckauf“, betont auch Johan Siberg, damals Leiter der Handysparte bei den Schweden. „Nokia ist nicht zu unterschätzen“, so sein Urteil.[8] Er soll am Ende noch auf der ganzen Linie Recht behalten.

Inzwischen verrechnen sich die Nokia-Manager im wichtigen amerikanischen Markt gründlich: Bei der erwarteten Umstellung des Marktes von Analog- auf Digitalhandys sind sie wohl zu optimistisch gewesen. Marktführer Motorola will partout seinen Vorsprung im Bereich der Analogtechnik nicht vorzeitig aufgeben, der Markt ist mit herkömmlichen Analoggeräten gesättigt. Der erwartete Wandel zur Digitaltechnik vollzieht sich nur schleppend – für die Finnen zu langsam. Sie haben sich gründlich verkalkuliert. Die Folge: Nokia bleibt auf großen Mengen neuer Digitalhandys sitzen, die sie auch später nicht mehr losschlagen können. Ollila muss erstmals nach Monaten der Erfolgsmeldungen am 14. Dezember 1995 eine Gewinnwarnung herausgeben. Innerhalb von fünf Tagen bricht die Nokia-Aktie um 28 Prozent ein. Ende Februar 1996 gibt Ollila Entwarnung – allerdings erst für das kommende Quartal. Die Anleger zeigen sich enttäuscht, der Kurs fällt unter 50 Prozent der Notierung vom September.

> ***„Wir müssen bessere Produkte entwickeln, um neue Märkte zu erobern, und wir müssen unsere Logistik optimieren, um verlorene Chancen wiederzugewinnen.“***

Hausgemachte Probleme

Bis 1995 ist die Logistik bei Nokia vergleichsweise einfach strukturiert: Die Finnen konzentrieren sich im Wesentlichen auf die Beschaffung, also darauf, wie sie genügend Komponenten einkaufen können, um fünf Werke in Europa, Asien und den USA zu versorgen. Zunächst beginnt die Krise damit, dass es weltweit zur Verknappung von Mikrochips kommt. Ohne die erforderlichen Bauteile kommt es bei Nokia zum Produktionsstau, der Bestand an anderen Komponenten wächst, Nokia wird mit zusätzlichen Kosten belastet – ein Alptraum für die Einkaufsmanager. „Wir haben den Markt falsch eingeschätzt“, erinnert sich Ollila in einem Interview mit CNN Anfang 1998.[9] Zudem habe die Lieferkette nicht einwandfrei funktioniert, moniert er im Rückblick.

Ollila will eine Echtzeit-Überwachung über die ganze Produktionslinie hinweg

Anfang der neunziger Jahre ist die Produktion weitgehend in Finnland und Südkorea konzentriert. Mit dem Boom im Handybereich muss Nokia bald seine bewährten Strukturen aufgeben, die Finnen kommen mit der Nachfrage kaum noch nach. 1995 sucht man bereits nach neuen Beschaffungsstrategien, doch erst die Krise bringt den nötigen Impuls. Ollila selbst drängt auf rasche Verbesserungen in der Lieferkette (supply line management), also den Kommunikations- und Logistikkanälen zwischen Nokia und den unmittelbaren Zulieferern. Nokia-Präsident Pekka Ala-Pietilä bringt die Doppelstrategie der Finnen auf den Punkt: „Wir müssen bessere Produkte entwickeln, um neue Märkte zu erobern, und wir müssen unsere Logistik optimieren, um verlorene Chancen wiederzugewinnen.“[10] Die Finnen gehen systematisch vor, denn die Änderungen sind für die globale Expansion entscheidend.

Unter einer eilig einberufenen Lenkungsgruppe nehmen fünf Teams die Arbeit auf. Jedes Team ist für eine andere Komponentengruppe verantwortlich: Elektronik, Elektro-Mechanik, Mechanik, Zubehör/Akkus und Investitionen (Maschinen und Ausrüstung sowie Forschung und Entwicklung). Das Ziel ist klar: eine tiefgreifende Veränderung in der Managementpraxis für die Lieferkette. Am Ende sollen kurze Lieferzeiten, Flexibilität und neue Beschaffungstechniken stehen, die den Anforderungen des aufstrebenden Handybauers auch künftig gerecht werden können. Ganz wichtig: Ollila will eine Echtzeit-Überwachung über die ganze Produktionslinie hinweg, um möglichst kurze Lieferzeiten zu ermöglichen – bis dahin bei Nokia ein Novum.

Da das finnische Unternehmen seine Elektronikkomponente wie Transistoren, Kondensatoren und Dioden nicht selbst produziert, ist es unumgänglich sich mit den wichtigsten Lieferanten, wie beispielsweise mit dem japanischen Unternehmen Rohm Electronics, zusammenzusetzen und gemeinsam die Lieferkette zu analysieren. Bereits 1995 ist Nokia einer der größten Rohm-Kunden, dessen Hauptverteilzentrum sich in Willich bei Düsseldorf nur knapp 90 Kilometer vom Nokia-Werk in Bochum befindet.

Es ist höchste Zeit, dass beide Unternehmen die bestehenden Logistikprobleme diskutieren – die Lieferzeiten schwanken zwischen zwölf und 16 Wochen. Rohm unterhält zudem einen Lagervorrat, der auf einer jährlichen Vorhersage der Nokia-Manager beruht. Produkte und Preise vereinbaren die verantwortlichen Manager ebenfalls auf Jahresbasis, es gibt jedoch keine institutionalisierte Abstimmung.[11]

Günter Wolfensberger, Chef der deutschen Rohm-Tochter, beschreibt die Vorgehensweise: „Auf beiden Seiten wurde ein Projektteam gebildet. Zu unserer Seite gehörten neben dem Projektmanager die Manager für Versand und Auftragsabwicklung, sowie je nach Bedarf Mitarbeiter aus Verkauf, Produktmarketing und Logistik. Wir arbeiteten direkt mit dem

Nokia-Einkaufsleiter und einem Beraterteam im Nokia-Werk zusammen."[12]

Bald wird ein neues Liefersystem entwickelt, das im Februar 1996 zunächst an 19 Produktionslinien erprobt wird. Im März geben die Nokia-Manager das neue System frei – sie erfassen damit 79 Prozent der Elektronikbauteile wie Widerstände und Kondensatoren, die restlichen Produkte kommen im Mai hinzu. Eine vierte Projektphase wird Anfang 1997 abgeschlossen. Insgesamt sind die Ergebnisse der Zusammenarbeit beeindruckend: Der gesamte Bestand in der Lieferkette beträgt nur noch neun Tage, während früher bei beiden Unternehmen Lagerbestände für drei bis vier Monate hielten. Bei Nokia sind jetzt keine Vorräte mehr nötig. Bei Rohm wurde der Reservebestand um die Hälfte reduziert.

Die Arbeit der Logistiker ist die Grundlage des Nokia-Erfolges im globalen Markt.

Fallstudie Logistik

Inzwischen hatte sich die allgemeine Marktflaute im Laufe des Jahres 96 verflüchtigt. Im dritten Quartal nahm der Gesamtmarkt für Handys um 39 Prozent zu, bei Nokia schnellte der Absatz um 58 Prozent nach oben. Ende 1996 war Nokia wieder obenauf, unbestrittener Marktführer bei digitalen Handys und der zweitgrößte Lieferant für GSM-Netzwerke; bei GSM-1800-Systemen (das deutsche E-Netz) war Nokia sogar Marktführer. In nur sechs Monaten gelang es der Lenkungsgruppe in Sachen Logistik die Lieferung der verfügbaren Rohmaterialien von einem Lieferwert von 80 auf 30 Tagen zu reduzieren – ein spektakuläres Ergebnis. Gleichzeitig setzte Ollila durch, dass veraltete Informationssysteme durch moderne Logistik-Software von SAP ersetzt wurden. Erstmals konnte das Management-Team alle notwendigen Daten und Informationen in Echtzeit abfragen und bei Bedarf eingreifen. Mit durchschlagendem Erfolg: Nach nur wenigen Monaten konnten sich die Finnen endgültig aus der Krise manövrieren und Ollila befand sich wieder ganz auf Erfolgskurs. „Wie Nokia strauchelte und sich doch wieder fing, ist eine wichtige Fallstudie für Logistiker in aller Welt", bemerkte dazu die amerikanische *Business Week* Ende 96.[13]

Obwohl die Arbeit der Logistiker nach außen hin wenig Ansehen bringt und sie oft hinter den Kulissen stattfindet, ist sie zweifelsfrei die Grundlage des Nokia-Erfolges im globalen Markt. Wie wichtig die Änderungen der Lieferkette waren und welchen Einfluss sie auf Nokias Rolle als Global Player im Einzelnen ausübte, analysierte der Finne Jussi Heikkilä. Seine Studie wurde Ende 1999 an der Lausanner Business School (IMD) fertiggestellt.[14] Sein Fazit: Die bei Nokia auftretenden Probleme waren weniger auf äußere Einflüsse zurückzuführen, als auf Mängel in der kritischen Disziplin der Logistik – der Lieferung der richtigen Produkte an Fabriken, Lager und Distributoren an Hunderten von Standorten auf der ganzen Welt.[15] Erst die grundlegenden Verbesserungen in der Lieferkette brachte Nokia den ersehnten Durchbruch am Weltmarkt. Aus der Not hatten die Finnen also eine Tugend gemacht. „Eine typisch amerikanische Firma", bemerkte dazu Ollila, „hätte in einer ähnlichen Situation womöglich ein ganzes Dutzend Manager gefeuert".[16]

Erfolgsschlüssel Logistik

Nokias Aufstieg vom nordischen Provinzfürsten zum polyglotten Herrscher über die moderne Handywelt ist eine wahre Erfolgsstory. Doch es lief nicht immer so glatt, wie es die Legendenbildung suggeriert. Zwei Jahre lang geht der Handyboom gut, doch 1995 schätzen die Finnen den Handy-Bedarf völlig falsch ein. Schleppender Absatz im wichtigen US-Markt führt zu dramatisch hohen Lagerbeständen. Wichtige Zulieferer können überdies ihre Zusagen nicht einhalten, auch die Bereiche Beschaffung und Produktion straucheln – schließlich legt der Überflieger eine veritable Bauchlandung hin. In weniger als sechs Monaten gelingt es den Finnen jedoch, sich aus eigener Kraft aus der Krise zu befreien. Eine gewaltige Anstrengung im Bereich Logistik bringt den finnischen Senkrechtstarter wieder auf Erfolgskurs.

◆ ***Puls am Markt:*** *Klar ist: wer als Global Player erfolgreich sein will, muss ein umfangreiches Netzwerk in Sachen Beschaffung, Produktion, Vertrieb und Kundenservice etablieren. Nokia zeigt, dass zu viele Aufträge genauso schädlich sind wie zuwenig Nachfrage. Es gilt die richtige Mischung von globalem Maßstab und lokaler Reaktionsfähigkeit zu entwickeln. Dazu gehört aber auch: Den Markt präzise analysieren. Nur wenn man den Pulsschlag von Verbrauchern, Zulieferern und Produktion verfolgt, kann man rechtzeitig reagieren und erfolgreich agieren. Ollila erkannte, dass nur mit Hilfe moderner Informations-Software wie der von SAP die Manager ihre Informationen in Echtzeit abrufen und bei Bedarf handeln können. Wer nicht in allen Bereichen die richtigen Informationen zur Verfügung hat, kann auch nicht schnell und korrekt entscheiden.*

◆ ***Lieferkette auf Vordermann bringen:*** *Die bei Nokia auftretenden Probleme waren weniger auf äußere Einflüsse zurückzuführen, als auf Mängel in der kritischen Disziplin der Logistik – der Lieferung der richtigen Produkte an Fabriken, Lager und Distributoren an Hunderte von Standorten auf der ganzen Welt. Erst die grundlegenden Verbesserungen in der Lieferkette brachte Nokia den ersehnten Durchbruch am Weltmarkt. Nokias Erfolg zeigt: Obwohl die Arbeit der Logistiker nach außen hin wenig Ansehen bringt, ist sie zweifelsfrei ein wesentliches Schlüsselelement in jeder globalen Strategie. Wer sie ignoriert, wird unweigerlich Marktanteile verlieren.*

◆ ***Austausch mit den Lieferanten:*** *Erst der offene Austausch zwischen Nokia und seinem wichtigsten Lieferanten, Rohm Electronics, offenbarte, wie groß das Potenzial an Verbesserungen in der Lieferkette wirklich war. Im Rückblick kann sich das Ergebnis sehen lassen: Die Lieferzeit wurde auf eine Woche oder weniger reduziert, Rohm liefert zu 100 Prozent pünktlich, Nokia hält kaum Lagerbestände mehr und profitiert von den reduzierten Kosten der Komponenten. Das Motto der Partnerschaft zwischen Rohm und Nokia lautete „Alles einfach halten". Das Fazit: Statt komplexe IT-Prozesse ins Leben zu rufen, sollten Kunden und Zulieferer stets eine offene Kultur des Austauschs pflegen.*

Anmerkungen

1 Jyrki Ali-Yrkkö/ Laura Paija/ Catherine Reilly/ Pekka Ylä-Anttila, Nokia: *A big company in a small country* (Vantaa, 2000).
2 „At Nokia, a comeback", in: *business week,* 02.12.96.
3 „Nokia's signal isn't really fading", in: *business week,* 18.03.96.
4 „North Star seeks another way to shine", in: *The Financial Times,* 17.06.96.
5 „Hoch über Helsinki", in: *manager magazin* 06/95.
6 Ebd.
7 „Nokia bleibt auch künftig auf Europa fokussiert", in: *Die Börsenzeitung,* 15.10.96.
8 Ebd.
9 „Jorma Ollila", in: *Pinnacle Europe* CNN, 11.01.98.
10 „Logistik war der Erfolgsschlüssel", in: *Handelsblatt,* 25.02.2000.
11 Ebd.
12 Ebd.
13 „At Nokia, a comeback", in: *business week,* 02.12.96.
14 „Logistik war der Erfolgsschlüssel", in: *Handelsblatt,* 25.02.2000.
15 Ebd.
16 „Nokia", in: *business week,* 10.08.98.

6 Herkunft bewahren, Identität zeigen

„Der Charakter eines Menschen
ist der Quellgrund seines Schicksals.
Jeder gestaltet durch seine Wesensart,
seine Denk- und Tatrichtung
sein Glück oder Unglück“

Heraklit

Finnland ist ein Klischee-Dreieck aus Sauna, höchster Selbstmordrate und schnapsdurchtränkten Kaurismäki-Filmen“, spottete *spiegel online* in einem Beitrag über Nokia und die finnische Wirtschaft.[1] Das stimmt sicher so, wie Deutschland das Land der Biertrinker, Autobahnraser und humorlosen Besserwisser ist. Ein bisschen Wahrheit ist immer dran: Die Finnen wirken immer ein wenig grummelig und sind sprichwörtlich wortkarg – bei finnischen Witzen muss man höllisch aufpassen, die Pointe nicht zu verpassen. Und bei Vorträgen und Firmenpräsentationen scheint es ein Volkssport der Finnen zu sein, so viele Zuhörer wie möglich zum Einschlafen zu bringen. Bekannte Persönlichkeiten wie Formel-Eins-Pilot Mika Häkkinen oder Ski-Springer Janne Ahonen haben Finnland überhaupt erst bei den Deutschen bekannt gemacht. Gerade Häkkinen gilt hierzulande als der archetypische Finne, der nette Junge von nebenan, der sonntags seine A-Klasse poliert und bei Bedarf den Rentnern über die Straße hilft.

Das Bild vom „Land der tausend Seen“ ist vom „Land der Millionen Handys“ abgelöst worden.

Das Land, aus dem Mika stammt, ist ein Naturparadies: endlose Wälder, tausend Seen, einsame Schneelandschaften. Dann kam der Mobilfunk. Heute ist Finnland Nokia-Land. Das Bild vom „Land der tausend Seen“ ist vom „Land der Millionen Handys“ abgelöst worden. Sind die schweigsamen

Finnen dank modernster Technologie am Ende redselig geworden? Oder sind sie trotz der Millionen Handys immer noch die Typen aus den Filmen von Aki Kaurismäki, in denen manchmal zwanzig Minuten lang kein Wort fällt? Ist Finnland immer noch das Land, das „in zwei Sprachen schweigt“, wie Bert Brecht vor über 50 Jahren im finnischen Exil notierte?

Die Integration mit Westeuropa, der Aufschwung der Hochtechnologie und das neue Selbstbewusstsein im kulturellen Bereich spielen eine wichtige Rolle.

Finnland hat sich dramatisch gewandelt, die Finnen sind selbstbewusster geworden. Mit dem politischen Beitritt zur EU ist Finnland nicht nur endlich aus dem Schatten Russlands herausgetreten, die Finnen bemühen sich, ein integraler Bestandteil Westeuropas zu werden. Und der Wandel ist greifbar: Der EU-Beitritt, die Integration mit Westeuropa, der Aufschwung der Hochtechnologie und das neue Selbstbewusstsein im kulturellen Bereich spielen wohl genauso eine wichtige Rolle, wie die Bemühungen der Finnen, angesichts der Globalisierung eine nationale Identität zu bewahren. Doch wieso fällt der Fortschritt ausgerechnet über ein Land her, das nur gut fünf Millionen Einwohner hat, das im Wesentlichen aus Wäldern und Seen besteht, dessen Sprache selbst seinen nordischen Nachbarn so fremd klingt wie Suaheli? Wie sind sie bloß zu Europas High-Tech-Nation Nummer eins geworden?

Pasi Mäenpää kennt die Fragen und zumindest die Antwort in Sachen Handys: Der Sozialwissenschaftler an der Universität Helsinki hat das Verhalten seiner Landsleute untersucht. Das lapidare Ergebnis: Es geht beim Handy nur um ein besseres Management des eigenen Lebens. Wenn man sich zum Beispiel verspätet hat und einen neuen Treffpunkt mit Freunden ausmachen will. „Wir Finnen nutzen das Handy, um mehr miteinander zu kommunizieren", meint Lauri Melamies, Forscher im Nokia Research Center. „Aber das heißt nicht, dass wir mehr miteinander reden." Das ist finnischer Humor. [2]

Schon jetzt kann man mit finnischen Handys mehr tun als nur in sie hineinsprechen. Man kann sich Stellenangebote, Fußballtabellen, Lottozahlen, TV-Programme, Museumsöffnungszeiten, Flugpläne und persönliche Horoskope auf das Display holen. Man kann seinen Stammtischfreunden auch kopulierende Comic-Rentiere schicken. Kleine Abwechslungen, wenn man stundenlang mit dem Zug oder Bus durch menschenleere Landschaften fahren muss. Da freut man sich über jede einzelne finnische Blockhütte, die zwischen den Fichten auftaucht. Und über jede Nachricht auf dem Mobiltelefon. „Die Menschen wechseln zwar im Bus immer noch kein Wort mit ihrem Nachbarn", bestätigt Lauri Kivinen, Pressechef bei Nokia. „Doch wenn das Telefon klingelt, tauen die Finnen auf." Vor allem junge Leute können ungeniert über private Dinge reden. „Wir sind so verrückt nach Handy und Internet," meint Kivinen augenzwinkernd, „weil wir die Kommunikationsform gefunden haben, die uns am besten liegt: nämlich die auf Abstand."[3]

Es geht beim Handy nur um ein besseres Management des eigenen Lebens.

Finnische Ruhe

Abstand und Nähe sind Schlüsselbegriffe, die den finnischen Charakter seit Jahrhunderten prägen. Denn Finnland ist ein dünnbesiedeltes Land: auf einem Quadratkilometer Boden verlieren sich 15 Finnen. Außerdem sprechen sie eine seltsame Sprache, die als von Fremden kaum erlernbar gilt. „Ich glaube, dass wir in der Telekommunikation führend sind", meint Telekommunikationsminister Olli-Pekka Heinonen, „weil wir Finnen seit jeher bestrebt sind, Distanzen zu überwinden – innerhalb unseres dünn besiedelten Landes und zur übrigen Welt."[4] Mag sein, doch die Finnen lieben eigentlich den Abstand im übertragenen Sinne: Sie ziehen sich in die Stille der Natur zurück, um Einkehr zu halten und innere Ruhe zu finden. Wer im Juli nach Helsinki reist, wird feststellen: Die meisten Betriebe sind geschlossen – ganz Finnland ist in Urlaub. Im letzten Sommermonat, bevor die nordische Dämmerung scheinbar endlos wird, treibt es den Finnen ein letztes Mal hinaus in die Wälder – in sein „Kesämökki", das Sommerhaus. Denn im Kesämökki, zwischen schimmernden Seen und rauschenden Nadelwäldern, findet der Finne zu den einfachen Dingen des Lebens zurück, zu Angelrute und Ruderboot, zu Gartenarbeiten und zu ausgedehnten Waldwanderungen, zu wohltuenden Saunabädern und zum kühlen Bad im glasklaren See. Es ist diese Naturverbundenheit, die die Finnen von vielen anderen Völkern unterscheidet. Während die meisten Mitteleuropäer im Sommer danach drängen, den Urlaub wie die Lemminge an überfüllten Stränden im Ausland und teuren Hotels zu verbringen, ziehen sich die Finnen in ihre schlichten „Mökkis" zurück.

> ***„Wir sind in der Telekommunikation führend, weil wir Finnen seit jeher bestrebt sind, Distanzen zu überwinden – innerhalb unseres dünn besiedelten Landes und zur übrigen Welt."***

Fast jede zweite Familie besitzt ein Mökki. Insgesamt gibt es rund 416.000 Sommerhäuser, die durchschnittlich nur 45 Quadratmeter groß sind.[5] Das Kesämökki bietet viele Möglichkeiten, der Stille der Natur zu lauschen – je schlichter, desto besser. Nur ein Drittel hat elektrisches Licht, nur zehn Prozent eine Wasserleitung und knapp 20 Prozent eine Kanalisation. So stellte ein amerikanischer Journalist der *business week* entsetzt fest, dass es im Kesämökki des Nokia-Chefs Jorma Ollila kein fließend Wasser gab. Darüber haben sich die Finnen sehr amüsiert. Denn selbst Strom gilt in der Regel als übertriebener Luxus – obwohl es problemlos möglich wäre, ein Kabel vom benachbarten Bauernhof herüberzuziehen. Das alles ist für den Finnen nicht wichtig. Eine moderne Alternative zum Kesämökki ist übrigens das Segelboot, mit dem der Finne wochenlang durch die baltische Seenplatte kreuzt.

Dennoch, ganz so abgeschieden und ursprünglich möchten die meisten Finnen anscheinend nicht sein. Vor Abschluss eines Handyvertrages lautet die meistgestellte Frage: „Kann ich damit auch in meinem Sommerhaus telefonieren?" Im Mutterland der Handys ist das eigentlich selbstverständlich: Die beiden Funknetzbetreiber Sonera – ehemals Finnische Telekom – und Mitbewerber Radiolinja decken 99 Prozent des Landes ab. Das Handy klingelt selbst in den abgelegensten Regionen des Polarkreises. Unberührte Natur und Handyplage, wie passt das zusammen? Eine typisch deutsche Frage. Die Finnen jedenfalls gehen damit ganz unverkrampft um, denn es ist ein feiner Unterschied, ob man abgeschieden leben will, oder vom Leben abgeschnitten – und schließlich weiß jeder Finne, wo sich der Aus-Knopf seines Handys befindet.

> ***Im Mutterland der Handys ist selbstverständlich: Die beiden Funknetzbetreiber decken 99 Prozent des Landes ab. Das Handy klingelt selbst in den abgelegensten Regionen des Polarkreises.***

Die Sauna

Neben der Natur gibt es für die Finnen aber nur eine Möglichkeit, Körper und Seele gründlich zu reinigen: Der Gang in die Sauna. Besonders am Wochenende der Mitsommer-Nacht, auch Juhannus-Tag genannt, zelebrieren die Finnen ihre Tradition der Sauna und diese Art der „Reinigung". An den Tagen rund um den 25. Juni sind die Saunen an den finnischen Seen nicht selten 24 Stunden lang beheizt. Die Sauna ist wohl die größte finnische Erfindung – der Gang in diese, eine elementare Erfahrung, bei der die Wirkungen von Feuer, Wasser, Luft und Steinen eine kraftvolle Symbiose eingehen. In Finnland ist es üblich, dass die meisten Unternehmen ihre eigene Sauna haben – so auch Nokia. Im prächtigen Glaspalast der Nokia-Zentrale in Espoo befindet sich die Sauna auf dem siebten Stock, direkt über der Vorstandsetage und mit einem beeindruckenden Panoramablick auf den im Winter vereisten See. Sie wird von den Managern und Mitarbeitern auf sehr finnische Weise genutzt, beispielsweise wenn sie wichtige Besprechungen in die Sauna verlegen. Denn Finnlands größte Erfindung ist nicht nur eine hygienisch-sportliche Institution, sondern vermittelt auch eine besondere, ur-finnische Atmosphäre. So kann es durchaus vorkommen, dass am Ende des Tages, nach Gesprächen und Sitzungen mit Geschäftspartnern, sich die Finnen ausziehen, einen Saunalappen aus Zellulose nehmen, sich nackt nebeneinander in die Sauna setzen und schwitzen. Zwischendurch steht jemand auf und gießt mit Baumteer aromatisiertes Wasser auf die glühenden Steinen. Dann schwitzen sie stärker. Und reden. Denn wenn die Finnen sich ihrer Kleider und Titel entledigt haben, werden sie gesprächig. In der Entblößung schätzt man die Geselligkeit in den eigenen Kreisen – auch bei Nokia.

Handys sind übrigens in der Sauna verpönt – vermutlich der einzige Ort in Finnland, wo man freiwillig auch darauf verzichtet. Neben der Ruhe und Entspannung hat die Sauna noch einen entscheidenden Vorteil: Sie bedarf keiner ständigen Produktverbesserung – wenigstens nicht für den heimischen Markt. Für die Finnen ist klar: Je einfacher die Sauna, desto besser. Kenner schwören auf die sogenannte Rauchsauna, die älteste Art des „Schwitzkästchens". Nachdem diese Sauna einige Stunden per Holzofen befeuert und „verraucht" worden ist, gibt es eine gründliche Lüftung, damit die Augen später nicht allzu sehr tränen. Und dann herein in die gute warme Stube. Die Hitze der Rauchsauna wird als milder und weicher wahrgenommen und gilt deswegen als das Saunen schlechthin. Die Sauna wird dann so benutzt, dass der Besucher nach dem Aufguss seinen Blutkreislauf durch Beschlagen mit Birkenzweigen anregt. Für Fremde ein unerhörter Vorgang, der in vielen ausländischen Reiseführern ungläubig beschrieben wurde, wie sich nämlich die Bewohner des Nordens in der Sauna selbst geißelten und dann im Schnee wälzten.

Kirche der Finnen

Die Finnen pflegen ein besonderes Verhältnis zu den Seen und Wäldern. Finnland ist bekannt für seine Tausende von Seen – es sind insgesamt 187.888. Sie bilden eine unverwechselbare Landschaft von Wasserwegen: Über Flüsse und Kanäle eröffnen sich von der Küste bis ins tiefste Landesinnere eindrucksvolle Reiserouten. Im Winter bieten die vereisten Seenflächen ein Muster sich kreuzender Linien der Spuren von Ski- und Motorschlitten. Das Blau des Wassers ist umgeben vom tiefen Grün der finnischen Wälder, die fast 70 Prozent des Landes bedecken. Nicht umsonst sind die Unternehmensfarben von Nokia blau, grün und weiß – sie spiegeln die tiefe Verbundenheit zum Land wider. Auch die

Nokia-Zentrale am Seeufer in Espoo, ein imposanter Bau mit Holz, Stahl und rund 26.000 Glasplatten, ist der Versuch – durch die Transparenz, das Birkenholz und die Seelage – eine Metapher für das Land zu schaffen.

Finnland ist der westlichste Vorposten der nördlichen Taiga, deren unergründliche Nadelwälder sich bis nach Sibirien erstrecken. Der Holzbestand ist auch bekannt als das „grüne Gold" Finnlands, vornehmlich Fichten, Kiefern, Sand- und Moorbirken, Grauerle und Espe. Produkte des Waldes – an erster Stelle die Holzwirtschaft – waren einst der Schlüssel für einen hohen Lebensstandard in Finnland. Nokia selbst verdankt seine Gründung einer Holzschleiferei zur Papierproduktion im Jahre 1865. Und selbst im Umfeld der größten finnischen Ballungsräume liegen die meisten Vorstädte mitten im Wald. Und wenn die jungen Finnen heute von ihrem Land reden, dessen Sommer sie an mückenumschwärmten Seen verbringen und in dem sie im Winter durch vereiste Landschaften wandern, dem Land, wo die Menschen abends in der Sauna hocken und am Wochenende Tango tanzen, dann reden sie alle irgendwann von Bäumen und Seen. Die Wälder laden zur Erquickung von Körper und Geist ein, und hier kann man ihn noch finden – den Frieden der Natur. Deswegen glauben sie, der Wald sei die „Kirche der Finnen". Dieses geflügelte Wort nutzen die Finnen, um die tiefe spirituelle Bedeutung zu den ausgedehnten Wäldern ihres Heimatlandes zu beschreiben. Trotzdem gelten die Finnen inzwischen nicht mehr als Hinterwäldler, die Internetnutzung beispielsweise ist die höchste in ganz Europa. Und nach Island haben die Finnen die höchste Handydurchdringung auf der Welt.

Um die Nachwuchsarbeit zu optimieren, sponsert Nokia die Ausbildung in mathematischen und naturwissenschaftlichen Studiengängen.

Työväenopisto – es ist nie zu spät

Für die meisten Finnen ist das Lernen eine Berufung fürs Leben. So kehren nicht nur die Kinder in Finnland nach den Sommerferien im August zurück auf die Schulbank – Tausende Erwachsener auch. Sie besuchen die Abendschule Työväenopisto, vergleichbar mit der deutschen Volkshochschule. Um an den beliebtesten Seminaren teilnehmen zu können – hierzu zählen beispielsweise Sprachkurse – nehmen die Finnen stundenlange Warteschlangen bei der Anmeldung in Kauf. Im September beginnt in Finnland auch das akademische Jahr. In nahezu jeder Provinz finden sich ein oder zwei kleinere Universitäten. Weltweit hat Finnland übrigens im Verhältnis zur Bevölkerung die meisten technischen Universitäten. Der Nachwuchs für den finnischen High-Tech-Sektor wird so gezielt gefördert. Um diese Nachwuchsarbeit zu optimieren, sponsert beispielsweise Nokia die Ausbildung in mathematischen und naturwissenschaftlichen Studiengängen. Einer der Nokia-Werte lautet „Continuous Learning". Damit zeigt das Unternehmen, dass es sich als „Learning-Organisation" begreift – ein wichtiger Schlüssel zum Nokia-Erfolg und ein Spiegelbild der finnischen Mentalität.

Neben ihrer Wissbegierigkeit sind Finnen bekannt für Disziplinen, die neben Ausdauer auch ein hohes Maß an Konzentration und Technik beanspruchen.

Neben ihrer Wissbegierigkeit sind Finnen bekannt dafür, dass sie in Individualsportarten wie Laufen, Speerwerfen, Ski-Langlauf, Skispringen und Schwimmen überragende Wettbewerber sind. Alles Disziplinen, die neben Ausdauer auch ein hohes Maß an Konzentration und Technik beanspruchen. Namen wie Hannes Kolehmainen, Paavo Nurmi und Lasse Viren zeugen von den Langstreckenqualitäten der Finnen. Rund um den Globus sind

Wer mit finnischen Kollegen zusammenarbeitet, weiß, dass sie zuverlässige Individualisten sind, die sich stets für den Erfolg des Teams einsetzen.

diese Athleten bekannt. Sie haben mit ihren Erfolgen als Pitkänmatkanjuoksija, also Langstreckenläufer, auch erheblich dazu beigetragen, dass „Sisu“, die Beharrlichkeit, fester Bestandteil des Finnland-Images geworden ist. Auch im Arbeitsleben der Finnen stehen diese positiven Eigenschaften im Vordergrund: Wer mit finnischen Kollegen zusammenarbeitet, weiß, dass sie zuverlässige Individualisten sind, die sich stets für den Erfolg des Teams einsetzen.

Lotse des Wandels

Während der letzten Jahre entwickelte sich Finnland zu einem der führenden Hochtechnologieländer der Welt. Ein Erfolg der Politiker, denn bereits Anfang der 80er Jahre beschloss die Regierung, die Ausgaben für Forschung und Entwicklung stark zu erhöhen. Im ganzen Land entstanden bald Technologieparks; Wissenschaft und Wirtschaft vereinbarten eine engere Zusammenarbeit. Inzwischen gibt Finnland rund drei Prozent seines Bruttoinlandsproduktes für Forschungszwecke aus. Mit Erfolg: Ein Viertel der finnischen Exporte sind Hochtechnologieprodukte, und die Wirtschaft boomt. Einen wichtigen Teil der Erfolgsstory verdanken die Finnen Nokia – dem Lotsen des Wandels. Es war nämlich der weitreichende Entschluss, Handys vom Statussymbol für Manager zum Konsumprodukt für jedermann zu machen, der alles änderte. Der Rest ist Geschichte: Binnen zehn Jahren machte Jorma Ollila aus einem defizitären Gemischtwarenproduzenten den weltgrößten Konzern für mobile Kommunikation und half seinem Heimatland mit neuen Arbeitsplätzen aus einer schweren Rezession. Der Export war dabei der wichtigste Motor bei der Überwindung der Wirtschaftskrise.[6] Und Ollilas Vision geht weiter: „Bald wird die gesamte elektronische Kommunikation über das Mobiltelefon laufen – das gesamte Internet", schwärmt der Nokia-Chef. Kein Zweifel, Finnland ist Nokia-Land und Ollila ist so etwas wie der ungekrönte König der Finnen. „Heute ist Nokia bekannter als Finnland", seufzte ein finnischer Diplomat auf einer China-Reise von Präsident Martti Ahtisaari[7]. In manchen Ländern wird ein Präsident erst dann zum Medienereignis, wenn er erwähnt, dass er aus dem gleichen Land wie Nokia kommt.

Die finnische Seele

Wurde Finnland früher mit Kälte, Seen und vielleicht Sibelius assoziiert, so prägen heute Mika Häkkinen und Nokia-Handys das Bild. Wie hat sich Finnland gewandelt? Wie sind die Finnen zu Europas High-Tech-Nation Nummer eins geworden? Finnland zeigt auf, wie durch klare Entscheidungen der Regierung, Forschung und Entwicklung zu fördern, durch die Zusammenarbeit von Wissenschaft und Forschung und durch mutige Unternehmer ein Land seine Wirtschaftskrise selbstständig überwinden und sich zu einem Hochtechnologieland wandeln kann.

- ***Wettbewerb fördern:*** *Neben der erfolgreichen Unternehmensstrategie von Nokia spielen auch die allgemeinen Rahmenbedingungen eine wichtige Rolle. So gab es in Finnland seit den 80er Jahren des 19. Jahrhunderts neben der staatlichen Post auch andere Telefongesellschaften.*

Konkurrenzdruck von internationalen Bewerbern gehörte so seit Jahrzehnten zum Selbstverständnis finnischer Unternehmen.

- ***Politische Stabilität schaffen:*** *Politisch hat sich Finnland in den vergangenen Jahrzehnten stark gewandelt. Ging es zunächst um die Erhaltung der Freiheit und Unabhängigkeit des Landes, gelang es in der Zeit des Kalten Krieges, Anerkennung im Westen und Vertrauen im Osten zu finden. Heute ist Finnland in der westeuropäischen Gemeinschaft vollwertig integriert, wobei den Finnen weiter an einem spannungsfreien Zusammenleben mit Russland gelegen ist.*

- ***Nationalstolz und trotzdem weltoffen:*** *Es ist verwegen, einen bestimmten Wesenszug wie Sisu (Tapferkeit und Mut) zu einer nationalen Charaktereigenschaft zu erklären. Aber Natur, Geografie und Geschichte haben die Finnen sicherlich geprägt: Es gab über 40 Kriege gegen die Russen und eine lange Vorherrschaft des Nachbarn Schweden. Der berühmte „Winterkrieg" im zweiten Weltkrieg gegen die Russen ist noch tief im kollektiven Bewusstsein verankert. Der wirtschaftliche Erfolg und politische Aufstieg Finnlands hängen eng damit zusammen, dass die Finnen eine gelungene Balance zwischen Heimatbewusstsein und Weltoffenheit gefunden haben.*

- ***Erholung in der Natur:*** *Die Finnen pflegen ein besonderes Verhältnis zur Natur, zu den Seen und Wäldern. Nokias Glasbau am Seeufer ist der Versuch – durch die Transparenz, die Birken, die Seelage – eine Metapher für das Land zu schaffen. Die Wälder laden zur Erquickung von Körper und Geist ein, und hier kann man ihn noch finden – den Frieden der Natur. Deswegen glauben die*

Finnen, der Wald sei ihre „Kirche". Eine mythische Beziehung zum Wald ist typisch für viele Völker der Nordens, deren Lebensunterhalt vom Wild und den Produkten des Waldes abhing. Noch heute ziehen sich die Finnen im Sommer in die Natur zurück. Dort, zwischen schimmernden Seen und rauschenden Nadelwäldern, findet der Finne zu den einfachen Dingen des Lebens zurück.

- ***Distanzen überwinden:** Abstand und Nähe sind Schlüsselbegriffe, die den finnischen Charakter seit Jahrhunderten prägen. „Ich glaube, dass wir in der Telekommunikation führend sind", meint Erziehungsminister Olli-Pekka Heinonen, „weil wir Finnen seit jeher bestrebt sind, Distanzen zu überwinden – innerhalb unseres dünn besiedelten Landes und zur übrigen Welt."*

- ***Zuverlässige Individualisten:** Namen wie Hannes Kolehmainen, Paavo Nurmi und Lasse Viren zeugen von den Langstreckenqualitäten der Finnen. Sie haben mit ihren Erfolgen als Langstreckenläufer, dazu beigetragen, dass „Sisu", die Beharrlichkeit, fester Bestandteil des Finnland-Images geworden ist. Auch im Arbeitsleben der Finnen stehen diese positiven Eigenschaften im Vordergrund: Wer mit finnischen Kollegen zusammenarbeitet, weiß, dass sie zuverlässige Individualisten sind, die sich dennoch stets für den Erfolg des Teams einsetzen.*

Anmerkungen

1 „Nokia hustet. Finnland wankt", bei: *spiegel online,* 09.01.2001.
2 Interview mit dem Autor 21.12.2000.
3 Interview mit dem Autor 21.12.2000.
4 „Der beste Kumpel", in: *Das schweizerische Nachrichtenmagazin Facts,* 12.3.99.
5 Ettmayer, Wendelin: *Finnland: Ein Volk im Wandel* (Berlin Verlag, 1999), S.263.
6 Ebd., S. 181.
7 „Der beste Kumpel", in: *Das schweizerische Nachrichtenmagazin Facts,* 12.3.99.

7 In die Forschung investieren

*„Eine Investition in Wissen
bringt immer noch die besten Zinsen“*

Benjamin Franklin

Mit leichter Empörung spekuliert Olli Martikainen über das, was hätte sein können. Als junger Forscher an der VTT, einem finnischen Forschungsinstitut in Espoo, tüftelte er 1982 an einer zigarrengroßen Blechkiste herum. Das unscheinbare Gerät sollte Daten von einem Computer zum nächsten schicken. Die Arbeit an seiner Erfindung – genannt Router – musste er dann nach vier Jahren kurzerhand einstellen. Die Manager, die das Projekt finanzierten, hatten die Geduld verloren, sie glaubten nicht mehr an den kommerziellen Erfolg der Black Box von Olli Martikainen – der Geldhahn wurde zugedreht. Kurze Zeit später präsentierte eine junge amerikanische Firma namens Cisco der staunenden Fachwelt die Router-Technik. Heute sind Router das „Nervensystem“ des Internets – und Cisco hat sich zum Weltunternehmen gemausert. „Wir waren vorher dran“, seufzt Martikainen heute. „Es fehlte nur noch die Schlussentwicklung des Prototyps.“[1]

Angetrieben vom Erfolg des Börsenstars Nokia stecken die Finnen mehr Geld in die Förderung von Hightech-Firmen als andere Europäer.

Pech für die Finnen, Pech für Europa. Stets haben die Amerikaner – so scheint es – in Sachen Hightech die Nase vorn. „Es ist immer dasselbe“, beschwert sich Forscher Martikainen. „Bei Computern haben die uns in den siebziger Jahren abgehängt, in den Achtzigern war die Software dran, in den Neunzigern preschen die Amerikaner mit Breitbandnetzen voran und jetzt", frotzelt der Finne, „tragen wir den Kampf im Mobilfunk aus."[2]

Noch kann Martikainen ruhig schlafen, denn die Amerikaner haben zwar die Router, die Finnen dafür Handys. Weltweit haben sie seit Jahren die Führungsrolle in Sachen Hightech und Internet übernommen. Und im Zentrum der nordischen Hightech-Offensive steht der allmächtige Überflieger Nokia. „Fragen Sie nicht, wer mit Nokia in Finnland Geschäfte macht", antworten die Finnen gerne auf Anfrage. „Fragen Sie lieber, wer macht keine. Das ist schneller zu beantworten."[3] Angetrieben vom Erfolg des Börsenstars Nokia stecken die Finnen mehr Geld in die Förderung von Hightech-Firmen als andere Europäer. Seither wächst die Wirtschaft überdurchschnittlich – das skandinavische Land hat sich zum Silicon Valley des Nordens gemausert. Bei Patenten und Erfindungen sind die Finnen inzwischen Spitze. Ein Viertel des Exports besteht heute aus Technologiegütern. Zufall oder glückliches Zusammenspiel schicksalhafter Faktoren?

Geld für Forschung

Zumindest politisch haben die Finnen die Weichen frühzeitig gestellt. So beschloss die sozialdemokratisch geführte Fünf-Parteien-Koalition bereits 1982, dass man einen größeren Anteil als bislang des Bruttoinlandsprodukts (BIP) für Forschung und Entwicklung ausgeben wolle. 1982 betrugen die Forschungsausgaben lediglich 1,2 Prozent des BIP. Bis 1992 steigerte die Regierung ihre Ausgaben auf 2,2 Prozent. 1998 passierten die Finnen erstmals die Marke von drei Prozent – rund ein Drittel der Ausgaben entfiel auf staatliche Zuschüsse, zwei Drittel trug die Privatwirtschaft. Das Geld kommt vor allem jungen innovativen Firmen zu Gute, die in der Internetökonomie kräftig mitmischen. Drei Viertel der

Mittel gehen an Unternehmen mit weniger als 500 Beschäftigten.[4] Zum Vergleich: die Bundesregierung gibt für Forschung 2,3 Prozent des Bruttosozialproduktes aus.

Zu Beginn der neunziger Jahre hätte niemand dem Land eine solche Innovationsoffensive zugetraut. Das nordische Modell des Wohlfahrtsstaates galt als überholt: zu hohe Staatsquoten, zu wenig Wettbewerb, zu stark regulierte Märkte. Doch seit sich Finnland als Hightech-Standort profiliert und sich darauf besinnt, dass es neben Rohstoffen wie Holz und Papier auch „Forschungspower“ zu bieten hat, boomt die Wirtschaft. Inzwischen ist Finnland neben Irland die Vorzeigeökonomie in Euroland mit Wachstumsraten von jährlich rund vier Prozent, die andere Staaten vor Neid erblassen lassen. Die Arbeitslosenquote liegt zwar immer noch bei 9,3 Prozent, doch das ist eine enorme Verbesserung gegenüber den 19 Prozent im Jahr 1993. Den Finnen macht es sichtlich Spaß, mit ihrer modernen Wirtschaft Vorbild in Europa zu sein. Stolz verweisen sie darauf, dass sie sich in der Kategorie Standortattraktivität des „World Competitiveness Report“ von Rang 17 (1994) auf Rang drei (1998) vorgearbeitet haben. Wie eine Studie der renommierten US-Harvard University belegt, bietet Finnland inzwischen das beste wirtschaftspolitische Umfeld – noch vor den USA.

Finnland bietet inzwischen das beste wirtschaftspolitische Umfeld – noch vor den USA.

Und im Gegensatz zum bewährten, aber häufig nutzlosen Gießkannenprinzip wurden die Subventionen und Fördermittel der Regierung gezielt eingesetzt. So brachte Finnlands „Internet-Minister“ Olli-Pekka Heinonen – der eigentlich Telekommunikationsminister ist – in den vergangenen vier Jahren das Land ans Netz. Pro Jahr haben Kommunen und Regierung dafür 500 Millionen Finnmark locker gemacht (rund 165 Millionen DM). In Schulen und Bibliotheken bestehen jetzt kostenfreie Zugänge, in Sachen Teleteaching sind die Finnen führend. Heinonen: „Wir sind hier führend, weil wir Finnen seit jeher bestrebt sind, Distanzen zu überwinden – innerhalb unseres dünn besiedelten Landes und zur übrigen Welt.“[5]

Technostadt Oulu

Fernab von allen Vergnügungen der einzigen finnischen Großstadt Helsinki liegt nur 190 Kilometer vom Polarkreis das Eldorado finnischer Technik: Oulu. Dort befindet sich das Forschungsinstitut VTT, eine Universität und große Business-Parks in denen das Börsen-Gold des neuen Jahrhunderts gedeiht. Unter markigen Namen wie Technopolis und Medipolis können hier Zöglinge der Elite-Uni Oulu ihre Ideen entwickeln und dann international vermarkten. Das ist durchaus sehr finnisch – eine Technostadt für Technikfreaks.

Mit nationalen „Experten-Zentren“ versucht die finnische Regierung Synergien zu schaffen, die Wege kurz zu halten und Gründergeist zu erzeugen.

Die Region Oulu ist eines der sogenannten „Centers of Expertise“ Finnlands. Oulu darf sich um Internet, Telekommunikation und Telemedizin kümmern. Mit dem Konzept von nationalen „Experten-Zentren“ versucht die finnische Regierung Synergien zu schaffen, die Wege kurz zu halten und Gründergeist zu erzeugen. Ein „Center of Expertise“ bündelt das Wissen des Landes für ein bestimmtes Forschungsgebiet. Die Angestellten der Unternehmen in den Technologieparks sind zu 90 Prozent Absolventen der Universität. Um die Businessparks herum haben sich genügend Service-Anbieter angesiedelt, die den Unternehmen – allein 120 in Technopolis – das Leben erleichtern. Ein sechssprachiger Kindergarten, Fremdsprachenunterricht ab der dritten Grundschulklasse und komplett englischsprachige Grundschulabschnitte machen den Ort zusätzlich wettbewerbsfähig für die globale Herausforderung. Die Stadt Oulu bemüht sich um ein ansprechendes Kulturangebot, damit hochqualifizierte Arbeitskräfte den Weg zum Polarkreis finden. Wem das nicht genügend: 14 bis 16 Flüge täglich verbinden Oulu mit Helsinki.

Die Techno-Parks stellen sehr bewusst eine Verbindung zwischen Forschung und Wirtschaft her.

Neun weitere solcher „Silicon Valleys" sind inzwischen über das ganze Land verstreut: In Espoo, Helsinki, Joensuu, Jyväskylä, Kuopio, Lappeenranta, Tampere, Turku und Vaasa forschen die Finnen, bis die Sauna kalt wird. Telekommunikation, Automationstechnik, Biotech, Elektronik, Medizintechnik und Materialforschung – sämtliche Wachstumsbranchen sind vertreten und versetzen ganz Skandinavien in Hightech-Euphorie. Die Idee hinter der geballten Forschungskompetenz: Nationale und internationale Unternehmen können so die Möglichkeit einer direkten Verbindung mit Wissenschaft und Forschung nutzen. Vor allem kleinere Firmen haben die Chance, die Infrastruktur, die Forschungsmöglichkeiten und die Serviceleistungen der „Science Parks" sowohl bei der Entwicklung als auch bei der Finanzierung und beim Verkauf ihrer Produkte zu nutzen.

Im Gegensatz zu Deutschland, wo Politiker nicht müde werden, die strikte Trennung von Wirtschaft und Wissenschaft zu proklamieren, gibt es in Finnland in diesem Bereich keinerlei Berührungsängste. Im Gegenteil: Die Techno-Parks stellen sehr bewusst eine Verbindung zwischen Forschung und Wirtschaft her. Sie zielen darauf ab, Ergebnisse der

> *Nokia dürfte etwa ein Drittel aller privatwirtschaftlichen Forschungsaktivitäten in Finnland auf sich vereinigen.*

Grundlagenforschung, die auf den Universitäten getätigt werden, kommerziell umzusetzen. Das ist finnischer Pragmatismus: Forschungsergebnisse sollen praxisgerecht in Investitionen und Produktionen genutzt werden. Das bringt nicht nur Arbeitsplätze – in den 800 Forschungsinstituten und Unternehmen, die sich im Bereich der zehn Technologiezentren niedergelassen haben, arbeiten bereits 10.000 Menschen – sondern auch Geld strömt in die Region am Polarkreis. Das VTT, das staatliche Forschungszentrum Finnlands, betreibt sowohl Grundlagen- als auch Auftragsforschung. Und rund 40 Prozent des Umsatzes bestreitet die VTT inzwischen mit kommerziellen Forschungsaufträgen.

Motor des Erfolges

Handy-Weltmarktführer Nokia ist eindeutig der Motor des nordischen Forschungswunders. Der nach Marktkapitalisierung zweitgrößte europäische Konzern nach dem Mobilfunkriesen Vodafone steht nicht nur für mehr als 25 Prozent des finnischen BIP-Wachstums und 60 Prozent des Börsenwertes in Helsinki. Er stellt auch jährlich Tausende neuer Mitarbeiter ein. Zudem tummeln sich im Fahrwasser von Nokia viele wachstumsstarke IT-Firmen, die in den Technologieparks aufgepäppelt werden und ebenfalls überdurchschnittlich viele Jobs schaffen. In Finnland steht Nokia mit rund 300 Unternehmen ständig in engem Kontakt und Austausch.[6] Nokia investiert bis zu acht Prozent seines Umsatzes in die Forschung – davon bleiben rund 60 Prozent im Land.[7] Damit dürfte Nokia etwa ein Drittel aller privatwirtschaftlichen Forschungsaktivitäten in Finnland auf sich vereinigen.

Nörgler, die Finnland als „Nokialand" verspotten und sich darum sorgen, dass das Wohl der gesamten Volkswirtschaft ausschließlich von der Geschäftslage des Handyriesen abhängen könnte, sehen zu schwarz. Das zeigt ein Blick auf die Exportbilanz. Derzeit steuert immer noch die Forstwirtschaft mit 40 Prozent den größten Teil der Ausfuhrerlöse bei. Der gesamte Hightech-Sektor kommt auf nur 25 Prozent. Die finnische Papierindustrie verfügt über 50 Prozent der gesamten Produktionskapazitäten in Europa – und das Geschäft boomt. Die Gefahr einer Abhängigkeit von der IT-Branche ist daher nicht besonders groß.

Dass der Überflieger Nokia einmal zum Zugpferd einer ganzen Volkswirtschaft avancieren würde, hätte zu Beginn der neunziger Jahre, als Nokia noch ein träger Mischkonzern war, kaum jemand geglaubt. Inzwischen telefonieren drei von vier Finnen schnurlos, in drei Jahren wird es im Fünf-Millionen-Land einer Studie zufolge mehr Mobiltelefone als Einwohner geben. Und bis 2010 soll die gesamte IT-Branche um jährlich zehn Prozent wachsen. Bereits heute verdienen 27 der 500 größten Unternehmen ihr Geld mit Software für Internet und Telecom.[8]

Schwerpunkt der derzeitigen Forschungsaktivitäten bei Nokia ist klar das mobile Internet.

Nokia selbst pumpt immer mehr Geld in die R&D-Abteilung des Unternehmens. Immerhin arbeiten 20.000 der rund 60.000 Nokia-Mitarbeiter weltweit im Bereich Forschung und Entwicklung. Das Nokia Research Center ist der Technologiebereich im Nokia Konzern, der die Wettbewerbsfähigkeit langfristig sichern soll und die Hauptverantwortung für die Entwicklung und Erhaltung der Kernkompetenzen des Konzerns trägt. Die Finnen unterhalten insgesamt 52 Forschungszentren in Europa, Asien und den USA. Das deutsche Forschungszentrum liegt in Bochum, Produktentwicklung gibt es auch in Düsseldorf und in Ulm. Dort beschäftigen sich die Forscher auf dem Gebiet der Mikroelektronik sowie der Protokoll-Software-Entwicklung. Das Nokia Research Center arbeitet eng mit deutschen, europäischen und amerikanischen Universitäten und Forschungsinstituten sowie dem Indian Institute of Technology in Neu Delhi zusammen.

Jährlich werden mehrere Diplomanden und Studienarbeitern betreut. In den meisten größeren Unternehmen ist die fokussierte Unterstützung einzelner Studenten oder die Zusammenarbeit mit Instituten in verschiedenen Forschungsprojekten seit vielen Jahren selbstverständlich, so auch bei Nokia. Nach eigenen Aussagen geht es jedoch nicht darum, Studenten herauszufiltern, denen man Diplomarbeiten anbietet. Vielmehr geht es um die Einbindung in gezielte, gut vorbereitete mittel- und langfristige Forschungsprojekte. Durch das weltweite Netzwerk des „Nokia Student Exchange Programm" können interessierte Studenten auch im Ausland forschen und studieren.

Mobiles Internet

Schwerpunkt der derzeitigen Forschungsaktivitäten bei Nokia ist klar das mobile Internet. Mehr als 30 Prozent der Ingenieure bei Nokia sind mit der Entwicklung in diesem Bereich beschäftigt – ein gewaltiger Kraftakt.[9] Nokias kluge Köpfe treffen sich regelmäßig auf einer Landzunge unweit der Zentrale in Espoo in einem kleinen Holzhaus – intern „bit factory" genannt. Dort brüten sie neue Produkte aus, wie beispielsweise das WAP-Handy, mit dem die ersten zaghaften Schritte ins mobile Internet möglich sind. Was die Finnen allerdings nicht selbst erfinden, tüfteln oder produzieren können, kaufen sie einfach anderswo ein oder vereinbaren strategische Partnerschaften. Im kalifornischen Petaluma residiert beispielsweise die Forschungszentrale für Breitbandtechnologien. Dort arbeiten Nokia-Forscher an Techniken für den schnellen Internet-Zugang über die herkömmliche Telefonleitung, DSL-Technik genannt. Das Basiswissen erwarb Nokia mit dem Kauf des amerikanischen DSL-Spezialisten Diamond Lane. Nokia kaufte auch den Routerspezialisten Ipsilon für 120 Millionen Dollar. Networks Alchemy, Spezialist für Netzwerksicherheit, kam für 335 Millionen hinzu. Nochmals 90 Millionen gab Nokia für die Internettelefoniefirma Vienna System aus.

Stärkerem Wettbewerb im Telekommunikationsmarkt begegnet Nokia mit verstärkten Forschungsanstrengungen

Trotz der Zukäufe steigen die Ausgaben für Forschung und Entwicklung von Jahr zu Jahr. Auch die Mitarbeiterzahl – Wissenschaftler, Ingenieure und Forscher – steigt bei Nokia um rund 5.000 jährlich. Stärkerem Wettbewerb im Telekommunikationsmarkt begegnet Nokia mit verstärkten Forschungsanstrengungen besonders im Bereich der Handyentwicklung. Während die Forschungsausgaben für die Netzwerksparte Anfang 1992 wesentlich über den der Handysparte lag, zog sie 1998 erstmals auf gleiches Niveau.[10] Damit die Forscher nicht im Elfenbeinturm vor sich her werkeln, achten die Nokia-Manager auf einen regen Austausch zwischen den verschiedenen Business-Units innerhalb des Konzerns. Rund zehn Prozent der Mitarbeiter im Research Center wechseln anschließend in andere Sparten und Einheiten des Konzerns.

Nokias Spielwiese in Sachen Forschung und Entwicklung bleibt aber vorerst das finnische „Silicon Valley" in Oulu. Bei nahezu jeder Firma hat Nokia dort die Finger im Spiel. Spötter betiteln das riesige Technopolis-Areal deswegen schon als Nokiapolis. Durchschnittsalter in den Forschungslabors: 24. Je zur Hälfte vom Staat und von der Privatwirtschaft finanziert, ist das Zentrum mit einem vom Premierminister ernannten Präsidenten allerdings unabhängig und frei in der Wahl der Arbeitsfelder. Rund 3.000 Forscher arbeiten an der Techno-Zukunft, ein Teil davon schon an der vierten Mobilfunkgeneration – der Einsatz der dritten ist bereits für 2002 geplant. „Die dritte Generation interessiert uns nicht mehr", meint Petri Mähönen, wissenschaftlicher Direktor im Forschungsinstitut VTT.[11] Sein „Wireless Internet Laboratory" erfindet Handys im Kreditkartenformat, die dann gleichzeitig Bankkarte und Telefon sind, über einen Touchscreen verfügen und einen Zugang für Multimedia-Brillen haben. Die projiziert mit mehreren Megabit pro Sekunde Filme und Virtual-Reality-Anwendungen auf die Netzhaut. Kein Zweifel, die Zukunft beginnt am finnischen Polarkreis.

In die Forschung investieren

Finnland hat sich in nur wenigen Jahren zum Silicon Valley des Nordens gemausert: Angetrieben vom Erfolg des Börsenstars Nokia stecken die Finnen mehr Geld in die Förderung von Hightech-Firmen als andere Europäer. Seither wächst auch die Wirtschaft überdurchschnittlich.

- ***Initiative der Politiker:*** *Ohne das entsprechende politische Umfeld hätte es die mustergültige Zusammenarbeit zwischen Wirtschaft und Wissenschaft in Finnland wohl kaum gegeben. Die Regierung wagte das Experiment und beschloss bereits 1982, einen größeren Anteil des Bruttoinlandsprodukts (BIP) für Forschung und Entwicklung auszugeben. 1998 passierten die Finnen erstmals die Marke von drei Prozent – zum Vergleich: die Bundesregie-*

rung gibt rund 2,3 Prozent des Bruttosozialproduktes für Forschung aus. Das Geld kommt vor allem jungen innovativen Firmen zu Gute, die in der Internetökonomie kräftig mitmischen. Drei Viertel der Mittel gehen an Unternehmen mit weniger als 500 Beschäftigten. Seither wächst die Wirtschaft überdurchschnittlich – Finnland hat sich so zum Silicon Valley des Nordens gemausert.

- ***Zentren der Forschung schaffen:*** *Mit dem Konzept der nationalen „Experten-Zentren" versucht die finnische Regierung Synergien zu schaffen und Gründergeist zu erzeugen. Ein „Center of Expertise" bündelt das Wissen des Landes für ein bestimmtes Forschungsgebiet. Die Angestellten der Unternehmen in den Technologieparks sind zu 90 Prozent Absolventen der Universität. Um die Businessparks herum haben sich zusätzlich Service-Anbieter angesiedelt, die den Unternehmen das Leben erleichtern. Die finnischen Techno-Parks stellen ganz bewusst eine Verbindung zwischen Forschung und Wirtschaft her. Sie zielen darauf ab, Ergebnisse der Grundlagenforschung, die auf den Universitäten getätigt werden, kommerziell umzusetzen.*

- ***Nokia – Motor des Erfolges:*** *Handy-Weltmarktführer Nokia ist eindeutig der Motor des nordischen Forschungswunders. Der Konzern stellt jährlich Tausende neue Mitarbeiter ein. Im Fahrwasser von Nokia tummeln sich viele wachstumsstarke IT-Firmen, die in den Technologieparks aufgepäppelt werden und ebenfalls überdurchschnittlich viele Jobs schaffen. Nokia investiert bis zu acht Prozent seines Umsatzes in die Forschung – davon bleiben rund 60 Prozent im Land. Damit dürfte Nokia etwa ein Drittel aller privatwirtschaftlichen Forschungsaktivitäten in Finnland auf sich vereinigen.*

- ***Für die Zukunft gerüstet:*** *Schwerpunkt der Forschungsaktivitäten bei Nokia ist das mobile Internet. Die Nokia-Manager sind überzeugt: In Zukunft werden Internet und Mobilfunk verschmelzen. Mehr als 30 Prozent der Ingenieure bei Nokia sind mit der Entwicklung in diesem Bereich beschäftigt. Die Finnen unterhalten knapp 52 Forschungszentren in Europa, Asien und den USA. Stärkerem Wettbewerb im Telekommunikationsmarkt begegnen die Finnen mit verstärkten Forschungsanstrengungen besonders im Bereich der Handyentwicklung.*

- ***Zukunftsland Finnland:*** *Längst ist Finnland als Testmarkt für Mobilfunk-Hersteller unverzichtbar geworden. Neben Nokia betreibt Erzrivale Ericsson seit Jahren Entwicklungszentren mit über 700 Mitarbeitern. Im Sommer 1998 hat der schwedische Konzern zu dem bereits existierenden Zentrum für mobiles Internet eine „Mobile Applications Initiative" gegründet – eine Testumgebung, in der sowohl Entwickler als auch Nutzer GPRS- und bald auch UMTS-Anwendungen ausprobieren können. Auch Siemens baut seine Aktivitäten in Finnland aus, um den Anschluss nicht zu verlieren. Die Mobile-Internet-Solutions-Einheit, eine von fünf weltweit, startete mit hundert Mitarbeitern und trägt innerhalb des Konzerns die globale Verantwortung für die Bereiche Ortung und Bezahlung per Handy.*

Anmerkungen

1 „Going Mobile“, in *business week,* 20.11.99.

2 Ebd.

3 Interview Unternehmenssprecher Lauri Kivinen mit dem Verfasser in Espoo, 21.12.2000.

4 Ettmayer, Wendelin. *Finnland: Ein Volk im Wandel* (Berlin Verlag, 1999), S.194.

5 „Der beste Kumpel“, in: *Das schweizerische Nachrichtenmagazin Facts,* 12.3.99.

6 Jyrki Ali-Yrkkö/ Laura Paija/ Catherine Reilly/ Pekka Ylä-Anttila, *Nokia: A big company in a small country* (Vantaa, 2000), S.28 ff.

7 Ebd.

8 „Nokia“, in: *Börse Online,* 24.02.2000.

9 „Is Nokia's star dimming?, in: *business week,* 22.01.2001.

10 Ebd., S.42 ff.

11 Sauna, Schnaps und schicke Sites“, in: *Spiegel online,* 14.6.99.

8 Kultstatus erlangen: Die Kraft der Marke

„Die Tat ist alles, nichts der Ruhm.“

Goethe, Faust II.

Noch waren die Seen fest zugefroren und der eisige Wind blies unbarmherzig durch die Straßenschluchten von Helsinki, als sich im Frühjahr 1992 eine kleine Gruppe von Nokia-Mitarbeitern mit gewohnt viel Kaffee zu einem längeren Meeting traf. Ihre Aufgabe: Einen neuen Slogan erfinden und damit das Image von Nokia für das künftige, globale Geschäft neu definieren. Höchste Zeit, denn das finnische Traditionsunternehmen mühte sich seit Jahren mit der sperrigen Formulierung „Inspired Technology with a human touch" ab. Immerhin hatten sich die Finnen schon wesentlich verbessert: Früher hieß Nokias Slogan schlicht „Nokia Eurotechnology" – und hatte etwas von postsozialistischem Industriekombinat an sich. Jetzt wollten die Finnen etwas finden, das leicht verständlich und einprägsam sein sollte und gleichzeitig zum neuen Image als Telekommunikationsfirma passen würde.

„Connecting People" war nicht nur kurz, einprägsam und verständlich, sondern umschrieb auch das künftige Kerngeschäft von Nokia in bestechender Direktheit.

Die Nokianer machten sich fleißig an die Arbeit, ließen ihren Gedanken freien Lauf, suchten Verbindungen zu allerlei Wortfeldern, verglichen die Slogans der Konkurrenz miteinander, bis nach vielen Stunden endlich eine lange Liste möglicher Sinnsprüche fertig war. Das Ergebnis der gemeinsamen Kopfarbeit wurde sorgfältig kopiert und am nächsten Tag – zwecks Kommentierung und Auswahl – in den entsprechenden Konzernverteiler gegeben.

Eigentlich hätte man gar nicht so lange suchen müssen, denn Nokias Leitspruch, also der Slogan, der das Unternehmen später in die neue Arena der Handys und Mobilfunknetze begleiten sollte, tauchte schon früh in der Diskussion auf. Er war entwaffnend einfach: „Connecting People“. Er war nicht nur kurz, einprägsam und verständlich – selbst für die, die des Englischen nur im Ansatz mächtig sind –, sondern umschrieb auch das künftige Kerngeschäft von Nokia in bestechender Direktheit. Gleichzeitig bezog er sich nicht ausdrücklich auf Technik im Allgemeinen oder Handys im Besonderen, sondern war inhaltlich offen für weitere „Aufladungen“ – wie die Marketiers sagen. So war etwa der Bezug zum Menschen stets eine zentrale Anforderung gewesen, denn es spiegelt die Grundwerte des Unternehmens Nokia wider, die den Mensch stets in den Mittelpunkt des Handelns stellen will. Und als die Liste zurückkam, gab es keinen Zweifel mehr: Eine überwältigende Mehrheit der Befragten hatte ihr Kreuz an gleicher Stelle gemacht. Das war der Beginn einer neuen finnischen Super-Marke, die in wenigen Jahren von Helsinki bis Perth ebenso bekannt werden sollte wie Nike oder Adidas – und mindestens genauso kultverdächtig.

Seit Jahrzehnten war der Name Nokia in Finnland ebenso bekannt wie Siemens in Deutschland.

In einer Sache hatten die Finnen allerdings schlichtweg Glück: Den traditionsreichen Firmennamen konnten sie belassen. Denn sie erkannten, dass „Nokia“ in fast allen Sprachen leicht auszusprechen ist. Mit der Betonung auf der ersten Silbe, erscheint „Nokia“ phonetisch gesehen weder finnisch – noch koreanisch, wie oft gemunkelt wird –, sondern ist ein echter Universalname, der in keiner Namensagentur besser hätte erfunden werden können – ein finnischer Sonderfall. Tatsächlich taufte Firmengründer Frederik Idestam 1871 seine Firma nach dem gleichnamigen Örtchen, wo er 1868 die Holzschleiferei, das Sägewerk und die neue Zellstofffabrik zusammenlegte. Das Holz gelangte damals auf dem Nokia-Fluss direkt in die Fabrik.

Die Macht der Marke

Seit Jahrzehnten war der Name Nokia in Finnland ebenso bekannt wie Siemens in Deutschland. Ganze Generationen trugen die allseits beliebten Gummistiefel von Nokia, fuhren mit Nokia-Reifen und nutzten Nokia-Monitore im Büro. Ausgerechnet bei Handys war das anders, denn Mitte der achtziger Jahre gab es Produkte von Nokia mit diversen Markennamen wie Salora, Technophone und Mobira. Damit sollte endlich Schluss sein: 1991 fiel die Entscheidung des Vorstands, Nokia fortan als einzige Marke für sämtliche Produkte zu führen – was sich allerdings in erster Linie auf die Telekommunikation bezog.

Im Zuge seiner Globalisierungsstrategie baute er Branding und Marketing konsequent und zügig aus.

Wie konnte Nokia in so kurzer Zeit in den Olymp des globalen Brandings aufsteigen? Damals galt herkömmliches Marketing mit seinen Elementen „Werbung, Promotion und Service" noch als verkaufsförderndes Instrument im Konzern. Doch frühzeitig rückten die Nokia-Manager die Markenpflege in das Zentrum der Gesamtstrategie des Konzerns. „Der Markenname sollte eigentlich das Ergebnis der geschäftlichen Prozesse bei Nokia sein", erklärt Anssi Vanjoki, damals Marketing-Manager.[1] „Mit einem derartigen Ansatz", so Vanjoki weiter, „ist der Brandname für Nokia alles.“[2] Eine Meinung, die auch Konzernchef Jorma Ollila bewusst vorantrieb. Im Zuge seiner Globalisierungsstrategie Anfang der neunziger Jahre baute er Branding und Marketing konsequent und zügig aus. Für den jungen Konzernchef stand fest: Im neuen Handymarkt tobte zwar eine Schlacht um die Technik, doch nur wer als Marke die Herzen der Konsumenten gewinnt, der würde auch im globalen Handymarkt erfolgreich bestehen. „Entscheidend war der Auftritt mit dem Nokia-Brand als echte globale Marke“, erinnert sich Ollila.[3]

Nokia stellte als erstes Unternehmen der Branche ein durchgängiges Segmentierungsmodell für Handys auf.

Für die Finnen ging es von Anfang an um einen neuen Massenmarkt, doch es ging auch um Assoziationen und Bilder in den Köpfen der Verbraucher. Dass man im Fußball mit den Stollenschuhen von Nike genauso gut Tore schießen kann wie mit Adidas-Stiefeln, wird niemand ernsthaft bestreiten. Doch wieso schwören manche Bundesligaspieler nur auf den einen oder anderen Hersteller? Passform, Stollen und gute Verarbeitung haben beide. Klar ist: da gibt es etwas jenseits des Preises. Und wo Qualität für den Konsumenten kein primäres Entscheidungsmerkmal mehr ist, geht es ums Image.

Mit dieser Erkenntnis waren die Finnen anscheinend weiter als alle anderen Wettbewerber im Markt. Weder Erzrivale Ericsson, noch der Technologie-Konzern Motorola wollten oder konnten damals begreifen, dass das Handy nicht nur Statussymbol, sondern auch Konsumartikel sein könnte. Die Manager um Ollila hatten das schon erkannt: Sie führten akribische Erhebungen bei Handykunden durch, fragten nach Vorlieben und Abneigungen, nach Image- und Markenwert. Das Ergebnis: Nokia stellte als erstes Unternehmen der Branche ein durchgängiges Segmentierungsmodell für Handys auf. Die Finnen konnten damit die Bedürfnisse der Kunden besser treffen – und die Werbekampagnen besser abstimmen. Eigentlich nichts bahnbrechendes: Segmentierung und Zielgruppenansprache gehören in anderen Branchen bereits seit Jahrzehnten zum Grundwissen eines jeden Marketiers. In der Handywelt war sie neu. Sie war auch für das schnelllebige Handygeschäft außerordentlich wichtig, denn bald wurde klar: wer den Kundengeschmack nicht trifft, kann einpacken. Im Verdrängungswettbewerb der rund 30 Handyhersteller fallen solche Produzenten dann hoffnungslos zurück. Konnten die Hersteller anfangs mit technischen Leistungsmerkmalen wie längeren Stand-by-Zeiten ihre Kunden beeindrucken, rückten – so eine selbstkritische Siemens-Untersuchung – emotionale Faktoren wie Design und Bekanntheitsgrad immer stärker in den Vordergrund.[4]

Globale Werbung

Nokia räumte bereits 1994 dem Design der Handys mehr Gewicht im gesamten Entwicklungsprozess ein. Und auf der Marketingseite begann Nokia Name und Slogan durch globale Werbekampagnen in allen wichtigen Märkten bekannt zu machen. Ericsson dagegen startete erst 1998 seinen weltweiten Werbefeldzug – und im Gegensatz zu der peniblen Vorbereitung der Finnen lief es bei den Schweden von Anfang an etwas verquer.[5] Die Botschaft, die von den Kreativen der renommierten Agentur Young & Rubicam kam, lautete „Make yourself heard“. Dazu gab es wunderschöne Aufnahmen, auf denen – und das war eine bewusste Entscheidung – keine Ericsson-Produkte auftauchten. Schon zu diesem Zeitpunkt war klar, das Ericsson im ewigen Handyduell mit Nokia nicht mehr mithalten konnte. So bekam der Werbespruch in der Branche einen leicht spöttischen Unterton. Böse Zungen interpretierten den Slogan gar als schlecht kaschierten Hilferuf des Handyherstellers, endlich auf ihn aufmerksam zu werden. Der Slogan sei wohl „zu intellektuell" gewesen, gestand ein Ericsson-Manager nachträglich.[6] Auf deutsch: Die Botschaft hat wohl kaum jemand kapiert. Inzwischen haben die Schweden ihren Auftritt überarbeitet und werben jetzt traditionell mit hochauflösenden Produktfotos.

Nokia ist inzwischen zur bekanntesten nicht-amerikanischen Marke aufgestiegen.

Auch die Finnen mussten gelegentlich Lehrgeld zahlen. Im Spagat zwischen globaler Kampagne und lokalem Werbeauftritt beging der Branchenprimus ausgerechnet in Deutschland einen unverzeihlichen Fauxpas: Auf Plakate und Anzeigen für die neuen Handys prangte der Spruch „Jedem das Seine" – eine Losung, die bereits die Nazis für sich zweckentfremdet und zynischerweise am Eingangstor des Konzentrationslagers Buchenwald angebracht hatten. Nach heftigen Protesten aus der Bevölkerung ließ Nokia hastig alle öffentlichen Plakate mit dem Slogan „Was ihr wollt" nach William Shakespeare überkleben.[7] Auch sonst scheinen die Nokianer hierzulande zumindest im Bereich der klassischen Printwerbung wenig Glück zu haben. Eine Kampagne für Nokias Freisprecheinrichtungen mit sogenannten Testimonials bekannter Persönlichkeiten zog beispielsweise den Spott der Werbewirtschaft auf sich. Mehrmals wurde Text und Aufmachung der Anzeigen unter der Rubrik „Ausrutscher des Tages" beim Branchenblatt *Werben & Verkaufen* unter Beschuss genommen. So etwa der Spruch „Schluss mit dem Heck-Meck beim Autofahren mit der Nokia Freisprecheinrichtung". Bebildert war der Text mit einem Automatenpassbild des ehemaligen Hitparade-Moderators Dieter Thomas Heck. Kein originelles Wortspiel, befand das Fachblatt zu Recht – und etwas, was genauso wenig zu den trendigen Produkten des Konzerns passt wie Claudia Schiffer zu Sarotti. Es ist eben wie bei den Toupetträgern, spottet das Magazin *brand eins* über die werblichen Missgriffe der Kreativen: „Sie selbst merken als Letzte, wenn bei ihnen was schief sitzt – die Marke."[8]

Jenseits der Possen in der Provinz machte indes die weltweite Verbreitung der Nokia-Marke bedeutende Fortschritte. Das Ergebnis der Mühe: In der jüngsten Vergleichsstudie der US-Markenagentur Interbrand aus dem Jahr 2000 lag Ericsson im soliden Mittelfeld – kein schlechtes Ergebnis. Aber Nokia war eben um ein Vielfaches besser und rangierte erstmals unter den ersten zehn Weltmarken bereits an fünfter Stelle – hinter Coca-Cola, Microsoft, IBM und Intel.[9] Es ist ein nahezu sensationelles Ergebnis: Nokia – ein Name, den viele vor wenigen Jahren noch für eine koreanische Billigmarke hielten – ist inzwischen zur bekanntesten nichtamerikanischen Marke aufgestiegen. Trotz der Erfolge geben sich die Finnen gewohnt bescheiden: „Es dauert rund 25 Jahre", glaubt Vanjoki, „bis man eine echte Weltmarke aufgebaut hat."[10] Nokia habe seine Markenbildung in drei Stufen unterteilt, so Vanjoki. „Die zweite Stufe beginnt Anfang des neuen Jahrtausends. In den nächsten sieben Jahren konzentrieren wir uns zunehmend auf Inhalte und wollen schließlich einen stärkeren Wertewandel kommunizieren."[11]

Die Marke verstärkt Werte, weist auf Qualität, Leistung und Zuverlässigkeit hin.

Schon jetzt ist das eingetreten, was die Markenagentur Interbrand schon seit Jahren feststellt: Markenpflege im Konzern ist mehr als nur als äußerliche Identifikation mit einem Unternehmen. Die Marke verstärkt Werte, weist auf Qualität, Leistung und Zuverlässigkeit hin.[12] Sie hat sich – wie Interbrand es treffend formuliert – inzwischen zum machtvollen strategischen Werkzeug der Konzerne entwickelt. Nicht nur machtvoll, sondern auch wertvoll: Zum ersten Mal sind Ideale wertvoller als die Produktionsmittel. Über die Hälfte der Kapitalwerte der Unternehmen weltweit bestehen aus Namens- und Markenrechten. „Die Produzenten sind übermannt von der Macht der Marke“, stellt das Wirtschaftsmagazin *brand eins* fest[13]. In manchen Branchen, wie bei kurzlebigen Konsumgütern (Shampoos, Schokoriegel, Waschpulver), macht der nichtfassbare Vermögensanteil über 60 Prozent aus, Tendenz steigend. Das alles in wenigen Jahren, denn noch 1993 wurden Marken als halb so hoch wie die harten Vermögenswerte eingestuft. Das zeigt, die Nokia-Manager haben den richtigen Weg eingeschlagen: Der Markenname macht das Geschäft. Was am Ende zählt ist das Firmenlogo und der Mythos, die dahinter stehen.

Kultstatus erlangen: Die Kraft der Marke

Früher als ihre Wettbewerber haben die Nokia-Manager begriffen, dass es im Handymarkt um Image und Markenbekanntheit geht. Konsequent hat Nokia seinen Markennamen global ausgebaut und sich dabei das Image als Kultfirma zugelegt. Heute ist Nokia die einzige Weltmarke von Bedeutung, die in den letzten zehn Jahren geschaffen wurde.

- ***Slogans müssen zum Geschäft passen:*** *Nokias Slogan heißt seit Jahren unverändert „connecting people“. Das ist nicht nur kurz und einprägsam, sondern interpretiert das Kerngeschäft der Finnen besonders treffend. Gleichzeitig bezieht er den Mensch ein – das ist speziell bei Nokia wichtig, weil es den Grundsätzen des Unternehmens entspricht. Die Slogans der Mitbewerber, wie Ericsson „make yourself heard“, Siemens „be inspired“ oder*

Philips „let's make things better", weisen nicht die gleiche kraftvolle Dynamik auf wie der Sinnspruch der Finnen. Wichtig ist jedoch, ob der Slogan wirklich zum Unternehmen und seinem Geschäft passt oder nicht.

- ***Vorteil Monomarke?** Es gibt viele gute Gründe, mehr als eine Marke im Unternehmen zu führen. Nokia hat sich jedoch früh dafür entschieden, sich auf die Telekommunikation zu konzentrieren, das globale Geschäft zu forcieren und den Markennamen – hier gleichzeitig der Firmenname – weltweit bekannt zu machen. Mit weiteren Phasen soll die Markenbildung fortgeführt werden, das Branding vertieft und mit entsprechenden Werten aufgeladen werden. Für den ehemaligen finnischen Nobody hat sich diese Strategie der Monomarkenbildung ausgezahlt: Heute ist Nokia laut internationalen Studien bekannter als McDonald's.*

- ***Marke als strategisches Instrument:** Die Nokia-Manager haben die Markenpflege in das Zentrum der Gesamtstrategie des Konzerns gerückt. Der Markenname sollte das Ergebnis der geschäftlichen Prozesse sein, so Nokia. Mit diesem Ansatz gewinnt der Markenname nicht nur eine dynamische und bedeutende Rolle im Konzern, sondern stellt an sich einen bedeutenden Wert dar, der weit über dem der herkömmlichen Produktionsmittel liegt. Die Marke verstärkt weitere Werte wie Qualität, Leistung und Zuverlässigkeit im Konzern. Nokias Brandimage gilt als jung, dynamisch und feminin.*

- ***Hausaufgaben machen:** Wer erfolgreich am Markt agieren will, muss seine Kunden und deren Bedürfnisse kennen. Nokia investiert viel Zeit und Geld in Marktforschungen, Umfragen und Analysen. Was dabei herauskommt,*

wird zielsicher in Kundenansprache, Produktsegmentierung und Brandimage umgesetzt. Mit Erfolg: Früher als seine Wettbewerber erkennt Nokia die Trends im Markt – setzt sie sogar selbst. So kann das Unternehmen gezielter auf die Bedürfnisse der Kunden eingehen und seine Werbekampagnen besser abstimmen. Klar ist auch: wer den Kundengeschmack nicht trifft, kann im schnelllebigen Handymarkt gleich einpacken.

Anmerkungen

1 „A new Phase in Brand building", in: Nokia´s internal *News Magazine*, 9/1999.
2 Ebd.
3 „Jorma Ollila", in: *Pinnacle Europe* CNN, 11.01.98.
4 „Emotionale Komponente begreifen", in: *Wirtschaftswoche*, 26.11.98
5 „Keine Verbindung", in: *manager magazin*, 8/99.
6 Ebd.
7 In: *Handelsblatt*, 16.6.98.
8 „Marken: Wie ihre Macht die Unternehmen knebelt", in: b*rand eins*, 2/2000.
9 „The World's most valuable Brands Survey", in: *Interbrand*, 01.06.2000.
10 „A new Phase in Brand building", in: Nokia's internal *News Magazine*, 9/1999.
11 Ebd.
12 „The World's most valuable Brands Survey", in: *Interbrand*, 01.06.2000.
13 „Marken: Wie ihre Macht die Unternehmen knebelt", in: *brand eins*, 2/2000.

Ethische Grundsätze verankern

„Wenn wir es schaffen, Moral und Ethik
in unser wirtschaftliches Handeln mit einzubeziehen,
werden wir noch größeren Erfolg haben.
Zu deutsch: Mehr Geld verdienen.“

Daniel Goeudevert.

Raam Kumar freut sich auf das Mittagessen in der Betriebskantine der Nokia-Zentrale im finnischen Espoo. Es gibt schließlich panierte Hähnchenteile, das Lieblingsgericht des 25-jährigen Software-Experten. Wären jedoch seine Eltern zu Besuch, hätten sie vermutlich mit ihrem Lieblingssohn arg geschimpft, denn der Inder ist als strenger Vegetarier erzogen worden. „Es schmeckt aber so gut", entschuldigt er sich lachend. Kumar gehört zu der steigenden Zahl hochqualifizierter Mitarbeiter, die Nokia aus aller Welt nach Finnland locken konnte. Neben der Chance, beim besten Handyhersteller der Welt zu arbeiten, hat sich Kumar besonders wegen des vierwöchigen Jahresurlaubs anheuern lassen – bei amerikanischen Firmen undenkbar. Mit Schnee und Eis und den langen Dämmermonaten im Winter kann er sich immer noch nicht besonders anfreunden, dafür hat er sein Faible für finnische Saunabäder und panierte Hähnchenteile entdeckt.

Nokia hat sich zum multikulturellen Weltunternehmen entwickelt. Von den insgesamt rund 60.000 Mitarbeitern sind knapp zwei Drittel außerhalb Finnlands beschäftigt.

Kumar ist längst keine Ausnahme bei Nokia mehr, denn der finnische Konzern hat sich zum multikulturellen Weltunternehmen entwickelt. Von den insgesamt rund 60.000 Mitarbeitern sind knapp zwei Drittel außerhalb Finnlands beschäftigt. Bedingt durch das explosionsartige Wachstum des Konzerns stellen die Finnen jährlich Tausende neuer Mitarbeiter ein – eine Mammutaufgabe. „Nokia darf seinen

Schwung nicht verlieren“, erklärt Hely Lehtinen, Senior Vice President Human Resources. „Es ist eine Gratwanderung zwischen wachsen und bewahren“, beschreibt sie ihre Aufgabe. „Wie kann man beispielsweise die traditionelle Nokia-Kultur angesichts der Massenanwerbung neuer Mitarbeiter pflegen?“[1]

„The Nokia Way“ bildet das geistige und moralische Fundament des Konzernmanagements.

Eine mögliche Antwort besteht darin, die Strukturen des Konzerns bewusst einfach zu halten, Hierarchien möglichst zu vermeiden, offene Kommunikationswege zu fördern sowie die Mitarbeiter gleich von Anfang an mit den Grundwerten der Firma vertraut zu machen. Sie lernen, dass die weltweiten Erfolge des Konzerns auf vier Prinzipien beruhen: Kundenzufriedenheit, Achtung des Individuums, Streben nach Leistung sowie Wissbegier (im Original: Customer Satisfaction, Respect for the Individual, Achievement, Continuous Learning). Neben diesen Grundwerten – eine Art Grundgesetz für Nokia – wird den neuen Mitarbeitern der besondere Management-Stil sowie dessen strategische Umsetzung erläutert. Das alles haben die Finnen kunstvoll als „The Nokia Way“ verpackt und ist sogar als Hochglanzbroschüre oder im Intranet der Firma für jeden jederzeit zugänglich. Was dort neben bunten Grafiken und hehren Worten als „Nokia-Methode“ am Schluss übrig bleibt, bildet in der Tat das geistige und moralische Fundament des Konzernmanagements.

Kulturelle Fallstricke

Trotz der Bemühungen der Finnen ist die Integration der vielen neuen Kollegen nach wie vor keine einfache Aufgabe.

Auch wenn die Konzernsprache Englisch ist, gibt es – neben gelegentlichen Verständigungsproblemen – zahlreiche fremde Sitten und Gepflogenheiten, die es zu beachten gibt. Und damit es nicht zum Kulturkampf zwischen den finnischen Unternehmenstugenden und den Gepflogenheiten seiner weltweit tätigen Angestellten kommt, hat Nokia so etwas wie betriebsinterne Kulturseminare geschaffen. Dort sollen sich die Neuankömmlinge in sogenannten „cross-cultural"-Einführungskursen austauschen. Den neuen Nokianern wird beispielsweise offenbart, dass finnische Meetings einfach anders ablaufen als amerikanische, wo man für gewöhnlich seinen Kollegen die Thesen auf unterhaltsame Art „verkaufen" muss. Die Finnen dagegen trinken Unmengen Kaffee und warten bis der Referent tatsächlich seine allerletzte PowerPoint-Folie aufgelegt hat. „Unterbrechungen gelten als regelrecht unhöflich", so der Text im Einführungsheftchen. Daneben bieten die Finnen auch einige allgemeine Hinweise: Etwa, dass man in einer Gesprächsrunde durchaus „gemeinsam schweigen" sollte, dass man eine Einladung in die Sauna ruhig ohne Hintergedanken annehmen darf und dass man in Finnland während der Busfahrt eher nicht redet.[2] Was gelegentlich zum Schmunzeln anregt, ist durchaus für Fremde als praktische Lebenshilfe zu verstehen und wird übrigens nicht nur in Finnland so praktiziert, sondern umgekehrt auch in den diversen Tochterunternehmen des Konzerns in China, Ungarn oder den USA.

Die Nokianer pflegen flache Hierarchien und fördern ausdrücklich vernetztes Denken und unorthodoxe Lösungsansätze.

Nokia ist in fast allen Ecken der Welt vertreten und begreift sich als Weltunternehmen, wenngleich mit „finnischer Seele". Viele nationale Eigenschaften, die im weltweiten Geschäft durchaus zum Erfolg geführt haben, sind inzwischen integrale Bestandteile von Nokia selbst geworden. „Wir sind pragmatisch“, beschreibt Konzernchef Jorma Ollila beispielsweise den Arbeitsstil der Finnen. „Wir diskutieren nicht alles bis zum bitteren Ende, sondern entscheiden und handeln lieber.“[3] Während man in deutschen Vorstandszimmern bei zu klärenden Fragen lieber gleich einen Arbeitskreis mit Experten einberuft, der zunächst über die Besetzung desgleichen debattiert, kommen die Finnen gleich zur Sache. Sie packen die Probleme ohne Umschweife an, kommunizieren direkt und ohne Umwege miteinander. Die Nokianer pflegen flache Hierarchien und fördern ausdrücklich vernetztes Denken und unorthodoxe Lösungsansätze. „Wir haben wahrscheinlich die wenigsten Anweisungen und Handbücher in unserer Industrie“, scherzt Ollila.[4]

„Hierarchien im Unternehmen sind nicht besonders praktisch“, erklärt Nokia-Manager Anssi Vanjoki. „Durch autoritäre Strukturen werden Kreativität und Ausdruckskraft regelrecht unterdrückt.“

Selbstbewusste Mitarbeiter

Es gehört zu den Selbstverständlichkeiten, dass neue Mitarbeiter gleich von Anfang an zur Eigenverantwortung und Selbstständigkeit ermuntert werden. Sie müssen im Konzern selbst flügge werden und ihr eigenes Netzwerk schaffen. Vieles in der Alltagsarbeit wird auf dem „kleinen Dienstweg“ – wie es in Deutschland so schön heißt – geregelt. Der Gang zum Chef ist eher verpönt. „Hierarchien im Unternehmen sind nicht besonders praktisch“, erklärt Nokia-Manager Anssi Vanjoki. „Durch autoritäre Strukturen werden Kreativität und Ausdruckskraft regelrecht unterdrückt.“[5] Die Abneigung gegenüber übergeordneten Autoritäten ist ein stark ausgeprägter finnischer Wesenszug, der vermutlich aus der besonderen geografischen und historischen Lage des Landes und der wechselseitigen Dominanz Russlands und Schwedens herrührt. Ähnlich wie der deutsche Dramatiker Carl Zuckmayer in dem Stück „Der Hauptmann von Köpenick"(1930) den preußischen Untertanengeist zum Thema machte, hat Väinö Linna in seinem Roman „Der unbekannte Soldat" (1954) die finnischen Courage treffend beschrieben. Linna schildert das Leben finnischer Infanteristen im Zweiten Weltkrieg gegen die Russen, wobei sich der Protagonist an entscheidender Stelle standhaft weigert, die sinnlosen Befehle seines Vorgesetzten auszuführen.

> ***Bei Nokia ist es selbstverständlich, dass man seinem Chef gelegentlich die Leviten liest.***

Und bis heute haben sich die Finnen ihre Freiheitsliebe und antiautoritäre Grundhaltung bewahrt. Es gehört daher auch zur finnischen Firmenkultur, dass Gradlinigkeit, Ehrlichkeit, Gleichheit und Unabhängigkeit als Tugenden sorgsam gepflegt werden. Auch bei Nokia ist es selbstverständlich, dass man seinem Chef gelegentlich die Leviten liest und klar sagt, was einem nicht gefällt und was man besser machen könnte. „Man fürchtet sich nicht vorm Chef", erklärt Vanjoki. „Jeder darf kritisieren."[6] Das klingt nach Anarchie, doch die Nokianer glauben fest daran, dass diese Kultur des Meinungsaustauschs zum Erfolg des Konzerns beiträgt.

Aus Fehlern lernen

Furchtlos und unabhängig, so möchten die Nokianer im Konzernalltag sein. Wichtiger noch, sie können ohne Furcht und Tadel auch Fehler machen. Immer wieder wird den Mitarbeitern eingetrichtert, dass man in seinen Entscheidungen mutig sein soll, auch wenn sie sich nachträglich als falsch herausstellen. „Fehler kann jeder machen“, betont Ollila. „Man muss nur daraus lernen.“[7] Managemententscheidungen im Geschwindigkeitsrausch führen unweigerlich zu Fehlern und Pannen, weiß auch Nokia-Präsident Pekka Ala-Pietilä. „Entscheidend ist aber, dass man seine Niederlagen als Quelle der Erfahrung und Besserung definiert.“[8] Nokias Management-Ansatz hat das US-Magazin *Business Week* treffend so beschrieben: „Statt der allseits bewährten ‚stolpern-und-sterben-Methode‘ (slip-and-you-die), bevorzugt Nokia-Chef Ollila die ‚stolpern-und-steigern-Methode‘ (slip-and-you-grow).“[9]

Wer so viel Erfolg hat, könnten böse Zungen entgegnen, kann sich auch Fehler leisten. Stimmt, der Erfolg gibt den Finnen Recht. Aber immerhin haben sie schneller und gründlicher aus ihren Fehlern gelernt, als ihre weltweiten Konkurrenten. Ollila selbst geht es ausdrücklich um den Lerneffekt: „Wer nie in seiner Karriere versagt hat,“ glaubt der Nokia-Chef, „hat sich einfach nicht genug bemüht.“[10]

> ***„Fehler kann jeder machen“, betont Ollila. „Man muss nur daraus lernen.“***

Lernen und sich weiterbilden ist für die meisten Finnen selbstverständlich. Jedes Jahr im September besuchen beispielsweise Millionen Finnen die Abendschule, etwa vergleichbar mit hiesigen Kursen der Volkshochschule.

Und auch im Konzern werden die Mitarbeiter gezielt gefördert: Fortbildung und Management-Kurse gehören selbstverständlich zur Unternehmenskultur – einer der Nokia-Werte lautet ja schließlich „Continuous Learning“ (Lernbereitschaft). Damit will das Unternehmen zeigen, dass es sich als „Learning“-Organisation begreift – ein Schlüssel zum Nokia-Erfolg und ein Spiegelbild der finnischen Mentalität.

Management by Teams

Seit Ollilas Antritt hat sich der Management-Stil in Espoo grundlegend geändert. Im Gegensatz zu den autoritären Führungsmethoden der alten Garde pflegt der junge Nokia-Chef einen kooperativen Führungsstil. „Unser Geschäft ist ein Teamsport", betont er immer wieder. Und Ollila ist der Dirigent, der wichtigste Teamspieler: Er besitzt die Fähigkeit, Menschen, die heftig über eine Sache diskutieren, unmerklich zu einem gemeinsamen Ziel und zu einem Abschluss zu führen.[11] „Ich arbeite mit Menschen und nicht mit Systemen", sagt Ollila. Nur durch den direkten Kontakt erfahre er, was die Mitarbeiter wirklich denken. „Letztlich ist der menschliche Kontakt entscheidend."[12] So habe man bei Nokia festgestellt, dass sich das Entwicklungsteam trotz E-Mails und Videokonferenzen regelmäßig persönlich treffen müsse, um effektiv arbeiten zu können. Selbst die imposante Zentrale in Espoo, eine Glas- und Stahlkonstruktion mit offenen und hellen Großraumbüros des finnischen Architekten Pekka Helin steht sinnbildlich für die offene, teamorientierte Arbeitsweise der Finnen.

„Ich arbeite mit Menschen und nicht mit Systemen", sagt Ollila. Nur durch den direkten Kontakt erfahre er, was die Mitarbeiter wirklich denken. „Letztlich ist der menschliche Kontakt entscheidend."

Der neue Stil passt gut zur überwiegend jungen Belegschaft – Durchschnittsalter 33 Jahre. „Unsere Leute sind hungrig nach Erfolg", meint Ollila. „Die Jungen wollen nicht erst sieben Jahre warten, bis sie befördert werden. Sie wollen sofort belohnt werden."[13] Wer Erfolg haben will, muss sich natürlich beweisen. „Wenn man mit seinen Fähigkeiten und Erfolgen wachsen will," predigt Ollila, „ist man bei Nokia bestens aufgehoben.“[14] Streben nach Leistung, Erfolgsorientiertes Arbeiten sind Grundwerte der Firmenkultur (Achievement). Da wundert es kaum, dass Ollila daraus mehr machen will: „Ich will bei Nokia eine Meritokratie schaffen, also die Herrschaft nach Leistung,“ sagt der Erfolgsmensch Ollila.[15] Trotzdem müssen die Mitarbeiter Spaß an ihrer Arbeit haben, weiß der Chef.[16] Denn ein Manager müsse nicht nur die besten Mitarbeiter gewinnen, sondern sie auch halten können.

Job-Rotation

Mit der Mitarbeiter-Fluktuation haben die Finnen ohnehin kaum Probleme. Allein das Top-Management kennt sich schon länger als ein Jahrzehnt. Sie sind wie eine verschworene Gemeinschaft, verstehen sich blind und vertrauen sich gegenseitig wie eine Familie. Ollila steht zwar an der Spitze, doch im neunköpfigen Group Executive Board – fast alle im gleichen Alter Ende Vierzig – trägt jeder seinen Teil der Gesamtverantwortung. „Der CEO“, erläutert Nokia-Präsident Pekka Ala-Pietilä, „kann niemals den Überblick über sämtliche Details haben.“[17]

„Man darf es sich nicht zu lange bequem machen“, begründet Ollila. „Führungskräfte müssen sich durch ständig wechselnde Aufgaben fit halten.“

Bislang kann sich die Bilanz des Vorstands-Teams sehen lassen, doch Ollila weiß: Gefährlicher als die Konkurrenz ist die eigene Nachlässigkeit. Schon heute ist aggressives Verkaufen bei Nokia-Produkten unnötig, sie sind mehr oder weniger Selbstläufer. Und seit Jahren genießt der Konzern die schöne heile Welt der sprudelnden Gewinne. „Wir haben panische Angst, fett und unbeweglich zu werden“, gesteht der Nokia-Chef freimütig.[18] Damit sein Team für die

Aufgabe der Zukunft fit bleibt, greift er zu ungewöhnlichen Mitteln. Ollila lässt seine Vorstandskollegen einfach reihum die Posten wechseln. Management-by-Rotation sei Teil des permanenten Lernprozesses im Konzern, so Ollila. Das System funktioniere nach dem Prinzip des ständigen Wissensaustausches und Querdenkens, erläutert Networks-Präsidentin Sari Baldauf. „Wichtig sind Führungskräfte, die einen genauen Überblick über das gesamte Geschäft haben", sagt sie.[19] „Man darf es sich nicht zu lange bequem machen", begründet Ollila sein Vorgehen. „Führungskräfte müssen sich durch ständig wechselnde Aufgaben fit halten."[20]

Firmenphilosophie etablieren: „The Nokia-Way"

Bedingt durch das explosionsartige Wachstum des Konzerns stellen die Finnen jährlich Tausende neuer Mitarbeiter ein – eine Mammutaufgabe. Die Herausforderung für Nokia: Wie kann man die finnische Firmenkultur angesichts der zunehmenden Globalisierung des Geschäftes bewahren? Und wie bleibt man als Unternehmen weiterhin schlagkräftig und wendig, trotz der rasanten Zunahme an Umsatz und Mitarbeitern?

- **Grundwerte verankern:** *Aus seiner über hundertjährigen Geschichte als finnisches Traditionsunternehmen hat Nokia die Grundwerte seiner Firmenkultur sowie die Grundsätze seines Managements zusammengefasst. Bekannt als „The Nokia-Way" bilden diese Unternehmensleitlinien das geistige und moralische Fundament des Konzernmanagements. Sie sind die Richtschnur des Handelns für alle Nokia-Mitarbeiter weltweit. Damit die Firmenkultur nicht* *nur graue Theorie ist, sondern im Konzern tatsächlich „gelebt" wird, bemüht sich Nokia, seine Strukturen und Hierarchien bewusst einfach zu halten. Dazu gehört auch, dass neue Mitarbeiter sich gleich von Anfang an mit den vier Grundprinzipien der Firma vertraut machen: Kundenzufriedenheit, Achtung des Individuums, Streben nach Leistung sowie Wissbegier (im Original: Customer Satisfaction, Respect for the Individual, Achievement, Continuous Learning).*

- ***Kulturelle Verschiedenheit beachten:*** *Nokia ist weltweit in über 130 Ländern vertreten. Inzwischen sind rund zwei Drittel der 60.000 Mitarbeiter außerhalb Finnlands beschäftigt. Nokia bemüht sich aktiv darum, dass fremde Sitten und Gepflogenheiten mit der finnischen Firmenkultur in Einklang gebracht werden. Nokia betrachtet sich als multikulturelles Weltunternehmen mit finnischer Seele.*

- ***Selbstbewusstsein zeigen:*** *Die Finnen sind ein stolzes und freiheitsliebendes Volk. Das spiegelt sich auch in der Firmenkultur Nokias wider. Es ist selbstverständlich, dass neue Mitarbeiter von Anfang an zur Eigenverantwortung und Selbstständigkeit ermuntert werden. In der Praxis regeln die Nokianer ihre Aufgaben eher auf dem „kleinen Dienstweg", als gleich zum Chef ist zu gehen. Gradlinigkeit, Selbstbewusstsein und Ehrlichkeit sind Grundtugenden, die bei Nokia sorgsam gepflegt werden. Wichtig dabei: Nicht nur untereinander sollte man sich offen und ehrlich austauschen, sondern man darf auch seinem Chef ruhig die Leviten lesen und schon einmal klar sagen, wo einen der Schuh drückt.*

- ***Aus Fehlern lernen:*** *Lieber einen Fehler machen, als gar nichts tun – das ist ebenfalls eine wichtige Verhaltensre-*

gel der Nokia-Manager. Wer noch nie versagt hat, so Firmenchef Ollila, hat sich nie wirklich bemüht. Bei Nokia gilt: Fehler machen ist ausdrücklich erlaubt – es rollen nicht gleich Köpfe. Allerdings: Aus seinen Fehlern sollte man tunlichst lernen. Nur so kann sich der Konzern – und die Mitarbeiter – entwickeln und an seinen Herausforderungen und Niederlagen wachsen.

- ***Job-Rotation:*** *Nichts macht so träge wie der Erfolg. Und damit der Konzern niemals an seinem eigenen Erfolg scheitert, sorgt Firmenchef Ollila dafür, dass die Top-Manager regelmäßig neue Aufgaben übernehmen. Der Vorteil: Keiner kann sich auf seinen Lorbeeren ausruhen, jeder hält sich durch die Job-Rotation für künftige Aufgaben fit. Die Gefahr, Verkrustung und Verfilzung könnten den rasanten Aufstieg und die schnelle Umsetzung von Entscheidungen behindern, ist so gut wie gebannt. Davon profitiert nicht nur Nokia, sondern auch die Manager: Sie erhalten schließlich einen genauen Überblick über das gesamte Geschäft – und bleiben dem Unternehmen auch lange treu.*

Anmerkungen

1 Interview mit dem Verfasser in Espoo, 21.12.2000.
2 „India's Technology Whizzes Find Passage to Nokia", in: *The Wall Street Journal*, 01.08.2000.
3 „CEO of the Year: Nokia's Jorma Ollila and his Vision for a wireless World", in: *IndustryWeek*, 20.11.2000.
4 „Hoch über Helsinki", in: *manager magazin*, 6/95.
5 „Put the Net in Your Pocket", in: *Wired*, 9/99.
6 „Put the Net in your Pocket: How Nokia will wireless the world", in: *Wired*, 9/1999.
7 „Nokia", in: *Business Week*, 10.08.98.
8 „Leading the field of financials", in: *industry week*, 21.08.2000.
9 „Nokia", in: *Business Week*, 10.08.2000.
10 „CEO of the Year: Nokia´s Jorma Ollila and his Vision of the Wireless World", in: *IndustryWeek*, 20.11.2000.
11 Ebd.
12 „Spezielle Lösungen für spezielle Probleme", in: *Handelsblatt-Karriere*, 15.03.96.
13 Ebd.
14 „CEO of the Year: Nokia's Jorma Ollila and his vision for a wireless World", in: *IndustryWeek*, 20.11.2000.
15 „Jorma Ollila ist nicht Jack Welch", in: *Frankfurter Allgemeine Zeitung*, 05.02.2000.
16 „Das Handy von morgen", in: *Wirtschaftswoche*, 29.06.2000.
17 „CEO of the Year: Nokia's Jorma Ollila and his vision for a wireless World", in: *IndustryWeek*, 20.11.2000.
18 „Scared of growing fat and lazy", in: *The Financial Times*, 10.7.95.
19 „Auf der Überholspur", in: *Wirtschaftswoche*, 29.06.2000.
20 „Nokia", in: *Business Week*, 10.08.98.

10

Unternehmenswert steigern

„Nichts ist höher zu schätzen als der Wert des Tages"

Johann Wolfgang von Goethe

Es war fast schon ein Ritual: Wie jedes Jahr Ende Juli kehrten die Nokia-Vorstände aus dem Urlaub zurück, frisch gestärkt aus der Einsamkeit der finnischen Seenlandschaft, um der gespannt wartenden Börsenwelt die neuesten Umsatzzahlen für das zweite Quartal zu präsentieren. Eigentlich nichts Besonderes, doch im Jahr 2000 war alles ein wenig anders. In gewohnter Manier – präzise und konzentriert – präsentierte Nokia-Vorstandschef Jorma Ollila die Eckdaten seines Unternehmens: Umsatzplus 55 Prozent, Gewinnplus 64 Prozent – jeweils gegenüber dem Vorjahr. Wie gesagt, nichts Besonderes – ein Rekordergebnis, wie man es vom finnischen Handy-Produzenten seit Jahren gewohnt war. Doch Ollila war noch nicht ganz durch: Nach einer kurzen Pause wies er darauf hin, dass Nokia voraussichtlich im dritten Quartal 2000 das vorgelegte Glanzergebnis nicht übertreffen könne, weil sich die Einführung einer neuen Generation von Handys etwas verzögere.

Der Kursrutsch zeigt vor allem eins: Schatten zeichnen sich besonders scharf ab, wenn man im grellen Rampenlicht steht.

Es war wohl einer der teuersten Nebensätze in der Börsengeschichte und schlug ein wie eine Bombe. Die Aussage Ollilas interpretierten die Analysten flugs als Gewinnwarnung, binnen weniger Stunden fiel der Kurs der Nokia-Aktie um 21 Prozent, der Börsenwert des Unternehmens schrumpfte um 57 auf 211 Milliarden Euro. Analysten und Anleger wollten offensichtlich kein Risiko eingehen. Morgan Stanley Dean Witter stufte die Aktien von „Outperform“ nur noch auf „Strong Buy“. Das Kursziel wurde gleichzeitig von 75 auf 65 Euro gesenkt. Auch die Londoner Analysten von Donaldson, Lufkin and Jenrette schwächten ihre Anlagebewertung deutlich ab. Die Aktie wurde mit „Buy“ eingestuft, nachdem sie zuvor als „Top Pick“ glänzte. „Wenn Nokia es nur bei den Zahlen bewendet hätte“, bedauert WestLB Panmure-Analyst Thomas Langer, „wäre der Kurs genau in die andere Richtung gegangen.“[1] Es gab natürlich auch andere Stimmen, die zur Besonnenheit rieten: Für Werner Braun, Leiter der Research-Abteilung beim Bankhaus Reuschel kam die Gewinnwarnung „nicht überraschend“. Er konnte die panische Reaktion der Anleger nicht verstehen: „Die Gewinnwarnung ist nichts weiter als ein zarter Hinweis auf eine realistischere Einschätzung“, so der Analyst.[2] Jean Danjou von der Investmentbank Credit Suisse First Boston brachte es auf den Punkt: „Ein schwächeres drittes Quartal ist nicht das Ende der Welt.“[3]

> ***„Selbst dem fantastischsten Unternehmen wird kein Ausrutscher erlaubt, wenn es mit dem Zehnfachen des Umsatzes notiert.“***

Trotzdem wurde Nokia gnadenlos abgestraft. „Nokia lässt Börse zittern“ titelte am nächsten Tag das *Handelsblatt* auf der ersten Seite.[4] Ausgerechnet Nokia, die Ikone des Mobilfunks, musste eingestehen, womöglich an der eigenen Messlatte zu scheitern. Das musste kommen, tuschelten Branchenkenner hinter vorgehaltener Hand: Seit Jahren gibt der finnische Überflieger die Bestmarken vor, bestimmt Trends und Techniken im dynamischen Handy-Geschäft. Droht der Börsenstar jetzt zurückzufallen? Hat er seinen Zenit überschritten?

Licht und Schatten

Der Kursrutsch zeigt vor allem eins: Schatten zeichnen sich besonders scharf ab, wenn man im grellen Rampenlicht steht. Und vor allem zeigt er, wie hoch die Erwartungen inzwischen sind, die in das finnische Mobilfunk-Unternehmen gesetzt werden. Alles, was nicht wie ein konsequenter Ausbau des Vorsprungs aussieht, wird sofort als Schwäche ausgelegt. Anleger und Analysten erwarten vom Branchenprimus schlichtweg tadellose Bilanzen. Bei der kleinsten Unstimmigkeit droht die hochdotierte Nokia-Aktie zu kippen. „Selbst dem fantastischsten Unternehmen wird kein Ausrutscher erlaubt, wenn es mit dem Zehnfachen des Umsatzes notiert", stellt die Financial Times Deutschland trocken fest.[5]

Ollilas Ankündigung, dass die letzten drei Monate des Geschäftsjahres wieder mehr Gewinn bringen würden, verhallten am Börsenparkett ungehört. Die Ursache für die heftige Börsenreaktion, stellte das *Handelsblatt* richtig fest, sei die „extrem hohe Erwartungshaltung im Mobilfunkbereich. Dies [könne] kein Unternehmen auf Dauer durchhalten."[6] Stefan Seib, Analyst für die europäische Telekom- und Technologiebranche bei der WGZ-Bank formulierte offen, was viele in der Banken- und Analystenszene dachten: „Das sind eben Worte, die man von einem Konzern wie Nokia nicht hören will."[7]

Was man stattdessen hören wollte, waren wie gewohnt Erfolgsmeldungen am laufenden Band: Denn seit 1997 übertrafen die Quartalszahlen stets die Analystenschätzungen. 2000 erwirtschaften die Finnen einen Gewinn von 5,7 Milliarden Euro und schafften so eine beneidenswerte Steigerung um 48 Prozent. Mit Vodafone leistet sich Nokia Ende 2001 ein Kopf-an-Kopf-Rennen um das höchstbewertete Unternehmen Europas (derzeit liegt das britische Telekommunikationsunternehmen mit 238 Milliarden Dollar kurz vor Nokia mit 211 Milliarden Dollar).

Dabei sind die europäischen Blue Chips im Vergleich zu den Schwergewichten aus den USA ohnehin unterbewertet. Die fünf größten US-Unternehmen haben im Schnitt einen doppelt so hohen Börsenwert wie die fünf teuersten Firmen der Alten Welt. General Electric ist mit 669 Milliarden Euro etwa sechs Mal schwerer als Siemens, obwohl die Amerikaner nur doppelt so viel Umsatz machen. Der kalifornische Netzwerkbetreiber Cisco – gerade einmal 15 Jahre alt – wird von den Börsianern höher bewertet als die skandinavischen Handy-Riesen Nokia und Ericsson zusammen, die als Traditionsunternehmen bereits über 100 Jahre existieren. Die Börsianer wissen jedoch: Gemessen an den Fundamentaldaten ist Nokia ein erzsolides Unternehmen. Auch im Jahr 2000 führt Nokia – so eine Studie des Hamburger *manager magazins* – die europäische Liga unter den 500 größten börsennotierten Unternehmen an – zum zweiten Mal in Folge. Mit noch deutlicherem Abstand als im vergangenen Jahr schob sich die Handyfirma an die Spitze.[8]

Allein in den vergangenen vier Jahren stieg die Bewertung des nordischen Vorzeigekonzerns um das 4000-fache.

Gute Umsätze

Seit Jahren ist die Nokia-Aktie eine wahre Kursrakete. Allein in den vergangenen vier Jahren stieg die Bewertung des nordischen Vorzeigekonzerns um das 4000-fache, die Eigenkapitalrendite liegt bei atemberaubenden 52 Prozent. Der Weltmarktanteil an Nokia-Handys stieg im Jahr 2000 auf über 30 Prozent. Die Verfolger, das US-Unternehmen Motorola und der schwedische Ericsson-Konzern, rangieren laut Dataquest im dritten Quartal 2000 mit jeweils 13,3 und 9,7 Prozent

Marktanteil weit abgeschlagen hinter dem finnischen Primus. Und Nokia kann es sich sogar leisten, Premiumpreise für seine Produkte zu verlangen. Jedes verkaufte Handy wirft eine Rendite von knapp 20 Prozent ab. Von solchen Margen kann die gesamte Konkurrenz nur träumen. Motorola erzielt Margen von vier Prozent, Ericsson schreibt im Handy-Geschäft sogar Verluste. Auch in der Wachstumsregion Asien ist Nokia der Konkurrenz aus Europa und Amerika immer eine Nasenlänge voraus. Schon jetzt ist China für die Finnen der zweitwichtigste Absatzmarkt nach den USA. „In wenigen Jahren“, davon ist Ollila überzeugt, „ist China für uns die Nummer eins.“[9] Denn spätestens bis 2003, so haben Nokias Marktforscher errechnet, werden allein in China 200 Millionen Menschen per Handy telefonieren.

Nokia ist klar eine Ausnahmeerscheinung: Nie zuvor preschte eine europäische Firma derart schnell aus dem Nichts der Aktiennotierungen auf die ersten Seiten der internationalen Wirtschaftszeitungen vor. Erst 1994 brachte Ollila Nokia an die New Yorker Börse – als erstes finnisches Unternehmen überhaupt. „Der nordische Nobody fand mühelos Anschluss an die Börsenmärkte der Zukunft“, schrieb das *manager magazin.*[10] Heute ist Nokia – bis auf Asien – an den sechs wichtigsten Börsenplätzen notiert. Und nach dem Durchmarsch an die Spitze trauen die Analysten dem Konzern im Norden noch ein gewaltiges Wachstum zu.

Allein die Handy-Sparte kassiert heute fast viermal so viel wie der ganze Konzern im Jahre 1992.

Das war nicht immer so. „Am Anfang wollte niemand mit mir reden – wozu auch“, sagte Ollila noch 1995.[11] Als er vor neun Jahren sein Amt antrat, übernahm der Ex-Banker einen Gemischtwarenladen, der Autoreifen und Förderbänder, Fernseher und Fußbodenbeläge, Toilettenpapier, Telefone und vieles andere herstellte und da-

„Ollilas Prognosen", lobt der Londoner Analyst Peter Knox, „sind immer eingetroffen."

mit Einnahmen von rund sechs Milliarden Mark erzielte. 1992 setzte Ollila als neuer Nokia-Chef alles auf die Telekommunikations-Karte. Zu einer Zeit, als jeder dachte, Mobiltelefone seien nur etwas für Geschäftsleute, ein Nischenprodukt eben. Der Rest ist Geschichte: 1995 kam die Lawine in Gang, die alle Prognosen der Marktforscher über den Haufen warf. 1998 wurden weltweit mehr Handys verkauft als Autos und Personalcomputer zusammen. Heute verkauft Nokia nur noch Hightech und setzt weit über 30 Milliarden Mark um. Allein die Handy-Sparte kassiert heute fast viermal so viel wie der ganze Konzern im Jahre 1992.[12]

Und der globale Boom geht weiter: Inzwischen nutzen über 700 Millionen Menschen weltweit ein Mobiltelefon. Und die ursprünglich für das Jahr 2005 vorgesehene Marke von einer Milliarde Handynutzer soll nun nach Ansicht der Branchenexperten bereits Mitte 2002 erreicht werden. Dann zündet die zweite Stufe der mobilen Revolution: Ab 2002 wird in Japan und anschließend in Europa und Amerika unter dem Kürzel UMTS eine neue Handy-Technik eingeführt, die das komplette Internet aufs Handy holt. „In fünf oder sechs Jahren", glaubt deshalb Sari Baldauf, „ist das Handy wichtiger als der Personalcomputer."[13] Lange Zeit haben die Analysten solche Prognosen als vage Voraussagen gewertet. Doch inzwischen wissen sie, dass Ollila und sein Team nicht mit Phantasien prahlen, wie sie in der Hightech-Branche üblich sind. „Ollilas Prognosen", lobt der Londoner Analyst Peter Knox, „sind immer eingetroffen."[14]

Der bescheidene Firmenchef gilt inzwischen als Shootingstar. Ollila wird heute als Turnaround-Spezialist im gleichen Atemzug mit dem legendären Jack Welch genannt, dem charismatischen Chef von General Electric. Doch die Unterschiede zwischen Ollila und Welch könnten größer nicht sein: Allein die äußere Erscheinung, die persönliche Bescheidenheit des Nokia-Chefs, der sich schon einmal dafür entschuldigt, dass er eine Frage nicht schnell genug verstanden hat, ist nicht mit dem explosiven Temperament von Welch zu vergleichen, der wenig schmeichelhaft, aber treffend als „Neutron Jack" bezeichnet wird. Ollila bewundert nach eigenen Angaben die Unternehmensführung von Welch. Wie Welch glaubt er, dass ein Unternehmen immer wieder durchgerüttelt werden müsse, in seiner schnelllebigen Branche sogar alle 18 Monate. Aber Ollilas Namen verbindet sich nicht, wie der von Welch, mit massenhaften und rücksichtslosen Entlassungen.[15] Vor allem: Der Amerikaner steht an der Spitze eines gigantischen Mischkonzerns, Ollila hingegen hat sein Unternehmen auf lukrative Zukunftsmärkte fokussiert, auf Mobiltelefone und Netzwerke. „Ich muss verstehen, welche Art von Geschäft ich mache", stapelt Ollila tief.[16]

Hinter der bescheidenen Fassade agiert jedoch ein zielstrebiger und überaus erfolgreicher Manager. In nur acht Jahren haben es Ollila und sein Management-Team geschafft, aus einer No-Name-Company eine unwiderstehliche Weltmarke zu machen. Heute ist Nokia von Helsinki bis Honolulu bekannt, vergleichbar mit McDonalds, Levis oder Coca-Cola, wie das amerikanische Institut Interbrand feststellte. „Nokia ist keine Handy-Firma", jubelt das *manager magazin*. „Nokia ist Kult".[17]

Kursraketen und Blindgänger

Hoch, höher, Nokia. Doch wie beim Hochseilakt im Zirkus stockt der Atem der Zuschauer, wenn die Artisten ohne Netz zum Doppelsalto ansetzen. Alle warten gebannt und insgeheim ist klar: Es kann auch schrecklich schief gehen. Börsenstar Nokia befindet sich in einer ähnlichen Lage: Anleger, Analysten, Konkurrenten und Journalisten beobachten jede

Bewegung der Aktie, interpretieren buchstäblich jeden Satz der Manager, prüfen alle Zahlen: Ist das Unternehmen noch auf Kurs? Können die Finnen ihren Vorsprung halten? Denn wer als Börsenstar kometenhaft aufsteigt, der muss irgendwann auch wieder runterkommen. „Börsianer bewegt eigentlich nur eine Frage“, frotzelt das *manager magazin*: „Wie hoch kann der finnische Ikarus fliegen, ehe er abstürzt?“[18]

Die Antwort weiß mit Sicherheit keiner. Brummt jedoch die Börse, haben die Analysten immer Recht. Die Bewährungsprobe kommt erst, wenn die Kurse schier ins Bodenlose fallen. Fest steht nur: Bislang haben sich die Aktienprofis nicht gerade mit Ruhm bekleckert. Ob EM.TV, Mobilcom oder T-Online: Der Niedergang der einstigen Hoffnungswerte wird begleitet von wohlwollenden Kommentaren und Kaufempfehlungen. Kaufen, kaufen, kaufen, sei das Mantra der Börsenzunft, schrieb *Der Spiegel* bissig in einem vielbeachteten Artikel Anfang Dezember 2000.[19] Kaufen, als ob die Börse ein immer währender Schnäppchenmarkt und jeder Tiefstkurs eine Kaufgelegenheit wäre. „Kein Wunder“, meint *Der Spiegel*, „die Banken verdienen an diesem Geschäft – und das nicht schlecht“.[20]

Die Topanalysten in den USA werden regelrecht als Stars gefeiert – jedenfalls solange ihre Prophezeiungen eintreffen. Henry Blodgets Worte waren einst Milliarden Dollar wert. Denn der wie ein Hollywood-Star gefeierte Börsenprophet sagte die Kurse von Internet-Firmen bisweilen nicht nur voraus, er machte sie. Im Dezember 1998 empfahl Blodget die bereits wahnwitzig gestiegene Aktie des Online-Buchhändlers Amazon – Kursziel: 400 Dollar. Die Aktie stand damals bei 240 Dollar. Wenige Wochen später war das Kursziel fast erreicht – und Blodget der Börsenguru der Internet-Welt.[21]

Neuerdings, stellt *Der Spiegel* fest, seien die Gurus endlich „entzaubert“: Den Crash der Technologiewerte haben die selbst ernannten Experten schlichtweg verschlafen. Wacker empfahl beispielsweise Blodget die von seinem Arbeitgeber an die Börse gebrachte Firma Pets.com. Kein Wunder, denn der wichtigste Job eines Aktienanalysten ist es, eine Aktie zu verkaufen, erklärt ein Londoner Analyst. Da wird schon einmal die Wahrheit etwas gedehnt. Das Papier der Tierliebhaber rutschte trotz ständiger Kaufempfehlungen von über sieben Dollar auf unter einen Dollar ab. Kein Sonderfall, wie Arthur Levitt, Chef der US-Börsenaufsichtsbehörde SEC, klagt: Nur ein Prozent der Analysen in den USA fallen negativ aus. Auch vor der Blase, der spekulativen Überhitzung der Aktienkurse, warnen die meisten Analysten zu spät oder gar nicht. Denn dann darf es nur einen Rat gegeben: Finger weg von Aktien, bis sich der Markt beruhigt. „Nur knapp die Hälfte der Prognosen erfüllen sich", schätzt Mark Wahrenburg, Professor für Bankbetriebslehre an der Universität Frankfurt.[22] Ganz klar, die Urteile der hoch bezahlten Banker liegen im Zufallsbereich. „Analysten sind Berufsoptimisten", erklärt auch Hans-Peter Möller, Professor für Betriebswirtschaft in Aachen. Er hat die Gewinnschätzungen der Aktienexperten analysiert – und Verblüffendes herausgefunden: Rund 90 Prozent der Prognosen fallen zu hoch aus.[23]

Wächst der Branchenprimus nicht gleich so exorbitant wie in den vergangenen Monaten, wird gleich über Stillstand und Rückschritt spekuliert.

Was eigentlich Betrug am Kunden ist, gilt hierzulande allenfalls als Kavaliersdelikt. „Letztlich", schreibt *Der Spiegel*, „sind die Experten nichts weiter als die Marktschreier im Finanzzirkus, der verlängerte Arm der Marketingabteilung."[24] Die Kritiker stehen auch bei Nokia Gewehr bei Fuß: Wächst der Branchenprimus nicht gleich so exorbitant wie in den vergangenen Monaten, wird gleich über Stillstand und Rückschritt spekuliert. „Der Mythos Nokia ist weg. Ja, Nokia ist wieder menschlich", resümiert beispielsweise Analyst Thomas Langer von West LB Panmure.[25]

Für das dritte und vierte Quartal 2000 gab Nokia wie gewohnt gute Ergebnisse bekannt. Mit steigenden Gewinnen und Umsätzen beflügelte der Branchenprimus die Aktienkurse. Das Besondere: Nokia hatte die Bekanntgabe seiner Zwischenbilanz im Oktober 2000 kurzfristig um eine Woche vorgezogen. Auch dieses Mal zeigten sich Analysten von den Daten überrascht, doch Beobachter werteten die vorgezogene Mitteilung als „taktische Demonstration“ von Stärke durch Nokia nach den jüngsten Kursstürzen von Computer- und Telekommunikationsunternehmen. Und die Aussichten für die Zukunft sind rosig: „Für 2001“, so Ollila, „peilt Nokia ein Umsatzplus von 25 bis 35 Prozent bei anhaltend hoher Ertragsquote an.“[26] Das ist die Message, die man von Nokia hören will.

Ollila achtete stets darauf, dass sich der Hightech-Motor bei Nokia nicht überhitzt.

Nicht aus dem Takt geraten

Solche Zahlen dürfen allerdings nicht darüber hinwegtäuschen, dass auch für Nokia der Wettbewerbsdruck deutlich zunimmt. In den wichtigsten Märkten Europa und Japan, warnen Beobachter, flacht die Verkaufskurve für Handys allmählich ab – der Boom der Anfangsjahre scheint abzuflauen. Ollila achtete jedoch stets darauf, dass sich der Hightech-Motor bei Nokia nicht überhitzt. Die Finnen wollen ihren Vorsprung auf jeden Fall halten.

Einen immer größeren Umsatzanteil – mittlerweile knapp 70 Prozent – erwirtschaftet Nokia im schnelllebigen Handy-Geschäft. Noch sichert das dem Konzern in den nächsten Jahren gewaltige Umsatzsprünge, führt aber auch zu einer gefährlichen Abhängigkeit. Floppt bei Nokia nur eine Produktgeneration, besteht Absturzgefahr. „Das zeigt, welches

Tempo wir vorlegen müssen", weiß Ollila sehr wohl. „Wenn wir nur ein einziges Mal aus dem Takt geraten, trifft das uns schwer.“[27]

Deswegen gibt es regelmäßige Treffen zwischen dem Nokia-Team und den wichtigsten Bankenvertretern und Analysten. Zum „Capital Markets Day“ beispielsweise wird praktisch der gesamte innere Kreis, das Top-Management bei Nokia, nach London eingeflogen. Neben eigenen Präsentationen mit Zahlen, Marktanalysen und Trends stehen die Manager auch Rede und Antwort.[28] Hier werden die Visionen der nächsten Jahre offenbart, der Kurs der Firma offengelegt. Volle Kraft ins Internet heißt etwa die neue Parole. Das Handy soll zum verlängerten Arm ins Internet werden. Ollila will nichts weniger als der Bill Gates des mobilen Webs werden. „Nur wer die Küstenlinie aus den Augen verliert, entdeckt neue Kontinente“, sagt er.[29]

Ollila will nichts weniger als der Bill Gates des mobilen Webs werden. „Nur wer die Küstenlinie aus den Augen verliert, entdeckt neue Kontinente“, sagt er.

Das Vermögen der Anleger langfristig steigern

Wie wichtig der Kontakt zu den institutionellen Anlegern ist, beweisen andere Beispiele. Vor kaum zwei Jahren reagierten Fondsmanager und Analysten allenfalls mit einem Schulterzucken, wenn von Mark Moody-Stuart, Bernard Arnault oder Heinrich von Pierer die Rede war.[30] Die drei Konzernchefs hatten es sich mit den Börsen gründlich verdorben. Royal-Dutch/Shell-Vorstand Moody-Stuart und seine Vorgänger hatten es versäumt, die Kosten zu senken. Als die Ölpreise im Herbst 1998 auf ein Rekordtief sanken, brachen die Gewinne bei Shell ein. Arnault, Präsident des Luxusartiklers Louis Vuitton Moët Hennessy (LVMH), hatte sich nahezu komplett auf Asien konzentriert. Doch das Ende des Booms in Fernost ließ die Nachfrage nach Designermode und Jahrgangschampagner einbrechen. Arnault bezahlte mit herben Einbußen. Am ärgsten aber stand es um von Pierer. Seine Tage als Siemens-Chef schienen sogar gezählt. Der Franke hatte es jahrelang nicht geschafft, die Ertragskraft des Konzerns zu steigern. Der Kurs blieb zurück, der Münchner Elektrokoloss erstarrte in seiner eigenen Behäbigkeit.

Nokia glänzte mit einer dreimal so hohen Gewinnmarge und eine um den Faktor 4,5 höhere Eigenkapitalrendite als der Münchener Konzern. Deutschlands Unternehmen sollten sich an den Finnen ein Beispiel nehmen.

Alles Vergangenheit. Bereits 2001 gehörten Shell, LVMH und Siemens zu den Lieblingen der Börsianer. Und Moody-Stuart, Arnault und von Pierer dürfen sich gar als Aufsteiger des Jahres 2000 feiern. Im jährlichen Ranking der größten europäischen Konzerne machte Shell im Vergleich zum Vorjahr 299 Plätze gut. LVMH schob sich um 338 Ränge nach vorn, und Siemens legte sogar um 359 Plätze zu.[31] Hinter der von der Unternehmensberatung Arthur Andersen und dem *manager magazin* geförderten Studie steckt eine simple Erkenntnis: Shareholder-Value produzieren Unternehmen nur, wenn sie mit ihrem Eigenkapital mehr erwirtschaften, als sie dafür ausgeben müssen. Die Studie geht zwei Kernfragen nach: Liegt die Eigenkapitalrendite über den Eigenkapitalkosten? Und: Übersteigt die Börsenrendite die Kosten der Eigenkapitalbeschaffung?

Die Studie 2000 offenbart, wie groß die Lücke zwischen Siemens und Nokia geworden ist – wie im Vorjahr siegten die Finnen erneut. Nach der Studie glänzte der finnische Börsenstar mit einer dreimal so hohen Gewinnmarge und eine um den Faktor 4,5 höhere Eigenkapitalrendite als der Münchener Konzern.[32] Deutschlands Unternehmen sollten sich an den Finnen ein Beispiel nehmen, mahnte die Studie. Sie sind, so auch das kritische Urteil des *manager magazins* damals, trotz mancher eitlen Selbsteinschätzung, keineswegs Spitze: Von den 92 untersuchten deutschen Unternehmen steigerten nur 38 ihren Unternehmenswert. Der Rest reduzierte das Vermögen der Aktionäre.[33]

Zugegeben, der Traum vom ewigen Wachstum an der Börse entwickelte sich zu Beginn des neuen Jahrtausends zum Alptraum für Anleger und Analysten. Die Kurse von Hightech-Aktien wie Microsoft (Software), Intel (Chips), Dell (Computer), Lucent (Telecom-Ausrüster), Amazon (Internet-Handel) und Yahoo (Internet Portal) purzelten von einem Tief ins andere.

Lucent verlor bis Mitte Dezember 2000 rund 74 Prozent an Börsenwert, Microsoft 55 Prozent, Dell 54 Prozent und Intel 47 Prozent – oder 91 Milliarden Dollar. Die US-Technologie-Riesen saugten weltweit die anderen Hightech-Titel in den Strudel. Monatelang waren die Märkte verunsichert, jede Gewinnwarnung der großen internationalen Konzerne war ein Tiefschlag gegen die Börsenverfassung. „Für die Altersvorsorge taugt Nokia nicht", urteilte selbst die *Deutsche Financial Times* nach Nokias vermeintlicher Gewinnwarnung im Oktober 2000.[34] Ollila hingegen zeigt sich gelassen. Der gelernte Banker weiß, worauf es im Börsengeschäft ankommt: auf Beständigkeit. Und die kann Nokia liefern. Statt auf kurzfristige Trends zu setzen, plädiert Ollila stets für langfristige Ziele. In einem CNN-Interview An-

Ollila, der gelernte Banker, weiß, worauf es im Börsengeschäft ankommt: auf Beständigkeit. Und die kann Nokia liefern.

fang 1998 wurde er gefragt, ob denn die Anleger nicht das Richtige gemacht hätten, als sie ihre Aktien in der Tiefphase verkauften?[35] „Na ja," meint Ollila trocken. „Wenn man die Welt in Halbjahresabschnitten betrachtet, dann war es sicherlich richtig. Doch das ist hier kein Hundertmetersprint, sondern ein Marathon."

Bescheidenheit und Beständigkeit als Börsentugenden

- ***Klartext reden:*** *Wer wie Nokia besonders hohe Erwartungen weckt, muss sich stets darüber bewusst sein, dass Anleger, Analysten und Journalisten jede Bewegung der Aktie beobachten, buchstäblich jeden Satz der Manager interpretieren, alle Zahlen prüfen: Ist das Unternehmen noch auf Kurs? Denn die Kritiker unken: Wer als Börsenstar kometenhaft aufsteigt, der muss irgendwann auch wieder herunterfallen. Da ist es nur noch eine Gratwanderung zwischen Stillstand und Rückschritt. Ollila macht es bislang richtig: Es ist immer besser, Klartext zu reden – auch wenn Analysten und Anleger das nicht immer hören wollen. Aber darauf kann sich der Markt einstellen.*

- ***Zuverlässige Prognosen:*** *In fünf oder sechs Jahren, glaubt das Nokia-Management, ist das Handy wichtiger als der Personalcomputer. Das Handy soll zum verlängerten Arm ins Internet werden. Ollila will nichts weniger als der Bill Gates des mobilen Webs werden. Lange Zeit haben die Analysten solche Prognosen als vage Voraussagen gewertet. Doch inzwischen wissen sie, dass Ollila und sein Team nicht mit Phantasien prahlen, wie sie in der*

Hightech-Branche üblich sind. Nokia liegt mit seinen Voraussagen fast immer richtig. Das schafft langfristig Vertrauen bei Anlegern und Analysten.

- ***Tadellose Bilanzen:** Der Kursrutsch bei Nokia zeigt, wie hoch die Erwartungen inzwischen sind, die dem finnischen Mobilfunk-Hersteller entgegengebracht werden. Alles, was nicht wie ein konsequenter Ausbau des Vorsprungs aussieht, wird sofort als Schwäche ausgelegt. Und: Anleger und Analysten setzen beim Branchenprimus schlichtweg tadellose Bilanzen voraus. Bilanzakrobatiker haben in der schnelllebigen Hightech-Welt kaum Chancen. Nokia konnte bislang alle Anforderungen der Börsenaufsicht erfüllen. Und: Die vorgelegten Zahlen stimmen immer.*

- ***Langfristige Ziele setzen:** Die meisten privaten Anleger, so die Erfahrung des Börsenaltmeisters André Kostolany, agieren an der Börse nicht wie vernünftige Geldanleger, sondern wie Spieler beim Roulette. Wer ständig kauft und verkauft, nur hinter den neuesten Tipps und Trends herhechelt, macht in der Regel nicht sich selbst, sondern über Spesen und Gebühren vor allem Banken und Broker reich. Das weiß auch Jorma Ollila. Deswegen plädiert er für Beständigkeit. Statt auf kurzfristige Trends zu setzen, befürwortet Ollila stets langfristige Ziele. US-Staranalyst James O'Shaugnessy gibt den Nokia-Chef Recht: „Anleger sollten sich wie Odysseus an den Mast binden, um den Sirenenrufen in Form von Gerüchten an der Börse zu widerstehen und streng bei ihrer Anlagestrategie bleiben." Denn entscheidend für den Erfolg sind die richtige Auswahl der Papiere und die Geduld, auch langfristig engagiert zu bleiben. Ollila weiß: Bleiben die Anleger bei Nokia, profitiert auch das Unternehmen davon.*

- ***Unternehmenswert steigern:*** *Shareholder-Value produzieren Unternehmen nur, wenn sie mit ihrem Eigenkapital mehr erwirtschaften, als sie dafür ausgeben müssen. Die Kernfragen: Liegt die Eigenkapitalrendite über den Eigenkapitalkosten? Übersteigt die Börsenrendite die Kosten der Eigenkapitalbeschaffung? Nokia ist in dieser Hinsicht ein echter Musterschüler: Der finnische Börsenstar erwirtschaftet nämlich eine beinahe dreimal so hohe Gewinnmarge und eine um den Faktor 4,5 höhere Eigenkapitalrendite als beispielsweise Siemens. Shareholder-Value ist für Nokia immens wichtig. Die Finnen konzentrieren sich seit Jahren erfolgreich darauf, den Unternehmenswert zu steigern.*

- ***Vorsprung sichern:*** *Wer nicht die kritische Masse erreicht und damit Einsparungen durch den Größenvorteil erzielt, ist am Handymarkt bald hoffnungslos verloren – so lautet eine Grundregel für den globalen Wettbewerb. Zweiter Lehrsatz: Man kann in einem Markt nur auf den Rängen eins bis drei erfolgreich mithalten. Sonst muss man sich ganz aus dem Geschäftsfeld zurückziehen oder nach Verbündeten suchen. Nokia hat sich seit Jahren an beide Grundregeln strikt gehalten. Und: Fokussierung auf Kerngeschäftsfelder gilt bei den Finnen als oberste Tugend. Damit ist Nokia inzwischen zum erfolgreichsten Global Player im Handy- und Telekommunikationssegment geworden.*

- ***Vertrauen schaffen:*** *Wächst Branchenprimus Nokia nicht gleich so exorbitant wie in den vergangenen Monaten, wird gleich über Stillstand und Rückschritt spekuliert. Doch Nokia-Chef Ollila zeigt sich gelassen. Regelmäßig gibt es Treffen zwischen dem Nokia-Team und den wichtigsten Bankenvertretern und Analysten. Zum „Capital*

Markets Day" beispielsweise präsentiert praktisch der gesamte innere Kreis, also das Top-Management bei Nokia, die neuesten Zahlen, Marktanalysen und Prognosen. Hier werden die Visionen der nächsten Jahre offenbart, die Strategie der Firma offengelegt. Das schafft Vertrauen bei den Analysten. Sie können Ollila und sein Team zu allen Aspekten des Konzerns befragen. Die Folge: Die Nokia-Aktie wird seit Jahren von der überwiegenden Mehrheit der Banken und Analysten uneingeschränkt empfohlen.

Anmerkungen

1 „Nokia-Kurs fällt trotz guter Halbjahreszahlen", in: *Süddeutsche Zeitung*, 28.07.00.

2 Ebd.

3 „Nokias Probleme schockieren Handy-Branche", in: *Financial Times Deutschland*, 28.07.00.

4 „Nokia läßt die Börse zittern", in *Handelsblatt*, 28.7.00.

5 „Für die Altersvorsorge taugt Nokia nicht", in : *Financial Times Deutschland*, 28.07.00.

6 Ebd.

7 „Nokia-Kurs fällt trotz guter Halbjahreszahlen", in: *Süddeutsche Zeitung*, 28.07.00.

8 „Europas größter Unternehmenstest", in: *manager magazin*, 11/00.

9 „Handy-Firma im Höhenflug", in: *Der Spiegel*, 13.12.99.

10 „Hoch über Helsinki", in: *manager magazin*, 6/95.

11 Ebd.

12 „Handy-Firma im Höhenflug", in: *Der Spiegel*, 13.12.99.

13 Ebd.

14 Ebd.

15 „Jorma Ollila ist nicht Europas Jack Welch", in: *Frankfurter Allgemeine Zeitung*, 05.02.00.

16 Ebd.

17 „Die Luft wird dünner", in: *manager magazin,* 11/00.

18 Ebd.

19 „Kaufen, kaufen, kaufen", in: *Der Spiegel,* 11.12.00.

20 Ebd.

21 Ebd.

22 Ebd.

23 Ebd.

24 Ebd.

25 „Der Mythos von Nokia ist weg", in: *Börsenzeitung,* 29.07.00.

26 „Nokia zieht Quartalszahlen vor", in: *Financial Times Deutschland,* 20.10.00.

27 „Nokia's costly stumble", in: *Business Week,* 14.08.00.

28„Investor Relations", in: *nokia.com,* 28.12.00.

29 „Immer drin: Das Handy von Morgen", in: *Wirtschaftswoche,* 29.06.00.

30 „Europas größter Unternehmenstest", in: *manager magazin,* 11/00.

31 Ebd.

32 Ebd.

33 Ebd.

34 „Für die Altersvorsorge taugt Nokia nicht", in: *Financial Times Deutschland,* 28.7.00.

35 „Jorma Ollila", in: *Pinnacle Europe CNN,* 11.01.98.

Wie man die Nokia-Methode erfolgreich anwendet

Finnland ist eine Kleinstadt in Minnesota, oder nicht", scherzen gerne die Finnen. Macht nichts, dafür ist Nokia inzwischen fast so bekannt wie der Chiphersteller Intel. Und gäbe es einen Preis für den schnellsten und erfolgreichsten Senkrechtstarter des letzten Jahrzehnts, würde Nokia vermutlich ohne Probleme Platz und Titel abräumen – dicht gefolgt von den beiden Internet-Stars Yahoo und Amazon. Scheinbar aus dem Nichts sind die Finnen selbstbewusst auf die Bühne der Global Player stolziert. Neu ist das Unternehmen jedoch nicht, denn Nokia ist ein Traditionsunternehmen mit 135-jährigen Geschichte. Allerdings hat sich die Firma in weniger als zehn Jahren so grundlegend gewandelt, dass sie nur noch den Namen mit dem alten Konzern gemein hat. Wie haben die Finnen das geschafft? Und was kann man daraus lernen?

Zumindest steht fest: Zur Erfolgsstory von Nokia gehört auch die Geschichte vom unerhörten Siegeszug des Mobilfunks in aller Welt. Im Rückblick zeigt sich, dass die „wundersame Wandlung" vom Industriekonglomerat alten Schlages zum Hightech-Überflieger der Moderne weder durch den Mut und die Vision einer einzigen Person ausgelöst wurde, noch das Ergebnis einer einsamen konzernpolitischen Entscheidung gewesen ist oder gar die Folge eines einmaligen Aufbruchs in eine neue Ära war. Es ist vielmehr ein Geflecht von Ursache und Wirkung, von Aktion und Reaktion – monokausale Erklärungen greifen zu kurz. Wer also das Unternehmen Nokia und seinen kometenhafter Aufstieg begreifen will, muss einen Schritt zurücktreten und das ganze Bild betrachten. Man sollte sich aber beeilen, denn diese flüchtige Momentaufnahme ändert sich schneller und schneller. Bereits jetzt stehen wir an der Schwelle einer neuen Ära, am Beginn des mobilen Internets, am Ende der Schnur. Und bald wird man das heutige Nokia nicht mehr wiedererkennen.

Zielbewusst handeln

Wer als Manager erfolgreich sein will, muss außerordentlich zielstrebig sein. Dazu gehört, dass man nicht nur seine persönlichen Ziele definiert, sondern auch den Weg dorthin gut überdenkt. Erfolgsmanager Ollila hat sich bereits in frühem Alter seine Ziele gesetzt und stets erreicht.

Chancen nutzen

Die Wahl Ollilas zum neuen Konzernchef war eine mutige und überraschende Entscheidung des Aufsichtsrates. Für Ollila gab es dabei nicht viel zu überlegen – er nutzte seine Chance.

Vision vorgeben

Ollilas Verdienst war es, eine klare Vision für das krisengeschüttelte Unternehmen zu formulieren, die Vorstand, Mitarbeiter und Aktionäre überzeugen konnte. Der erste und wichtigste Schritt: Die Abkehr von alten, ausgetretenen Pfaden und mutiger Aufbruch zu neuen Ufern. „Das Zeitalter der Konglomerate ist endgültig vorbei“, gab der Konzernchef als Losung aus.

Sich auf das Wesentliche konzentrieren

Als Mischkonzern geriet Nokia Ende der achtziger Jahre in einer schwere Krise, die das Unternehmen an den Rand des Abgrundes brachte. Erst die Konzentration der Kräfte schaffte die Kehrtwende. Die Entscheidung war klar: Lieber in einem Markt die Nummer eins sein, als in mehreren Märkten nur Mittelmaß.

Auf Wachstumsmärkte setzen

Zu Beginn der neuen GSM-Welle in Europa hat sich Nokia auf die wichtigsten Märkte in Großbritannien und Deutschland konzentriert. Noch heute stehen die Finnen in beiden Ländern an der Spitze des Marktes. Der wichtigste Wachstumsmarkt für Handys liegt inzwischen im asiatisch-pazifischen Raum, glauben zumindest die Finnen. Nokias Erfolg zeigt: Der Konzern analysiert seine Märkte genau. Dort, wo der Markt explosionsartig wächst, sind die Finnen mitten drin.

Bekannt werden

Die Nokia-Manager haben die Markenpflege in das Zentrum der Gesamtstrategie des Konzerns gerückt. Das Ergebnis: In nur neun Jahren haben es Ollila und sein Management-Team geschafft, aus einer No-Name-Company eine unwiderstehliche Weltmarke zu machen, vergleichbar mit McDonalds, Levis oder Coca-Cola.

Im Team arbeiten

Es wird viel über die wundersame Wandlung bei Nokia berichtet – und oft steht Jorma Ollila im Mittelpunkt. Doch Ollila ist „nur" der Dirigent: Das Top-Management bei Nokia besteht aus einem eng verflochtenen Team, das sich schon seit vielen Jahren sehr gut kennt. Bei Nokia prägt stets ein kooperativer Führungsstil die Arbeit, bis hinauf in die oberste Führungsetage.

Entscheiden und handeln

Bei Restrukturierungen gibt es kaum Platz für Sentimentalitäten. Ollila musste den Konzern schnell sanieren und den Koloss gnadenlos trimmen. Nur die Bereiche blieben übrig, die im globalen Markt langfristig Gewinn und Rendite bringen würden.

Mutig sein, aber nicht leichtsinnig

Ollilas Entscheidung, den Konzern ganz und gar auf die neuen Märkte der Telekommunikation auszurichten, war nicht leichtsinnig, sondern wohl durchdacht. Dass Handys und Netzwerktechnik in wenigen Jahren ein enormes Wachstumspotenzial aufweisen würden, wusste Ollila aus der Zeit als Leiter der Handy-Division. Sein Richtungswechsel war mutig, aber nicht leichtsinnig.

Das Timing muss stimmen

Im Rückblick zeigt sich: Etablierte Handyfirmen wie Ericsson und Motorola haben Nokia zu Beginn nicht nur unterschätzt, sie haben auch die lukrativen Perspektiven des neuen Handymarktes nicht erkannt. Als sie endlich aus dem Dornröschenschlaf erwachten, war es zu spät. Die Finnen waren schon davongestürmt und hatten sich in wenigen Jahren an die Spitze des neuen Handymarktes gesetzt. Und bislang hat Nokia seine Führungsrolle nicht abgegeben.

Aus Fehlern lernen

Lieber einen Fehler machen, als gar nichts tun – das ist ebenfalls eine wichtige Verhaltensregel der Nokia-Manager. Bei Nokia gilt: Fehler machen ist ausdrücklich erlaubt – es rollen nicht gleich damit Köpfe. Allerdings: Aus seinen Fehlern sollte man tunlichst lernen. Nur so kann sich der Konzern – und die Mitarbeiter – entwickeln und an seinen Herausforderungen und Niederlagen wachsen.

Suche die Herausforderung

Nichts macht so träge wie der Erfolg. Und damit der Konzern niemals an seinem eigenen Erfolg scheitert, sorgt Firmenchef Ollila dafür, dass die Top-Manager regelmäßig neue Aufgaben übernehmen. Der Vorteil: Keiner kann sich auf seinen Lorbeeren ausruhen, jeder hält sich durch die Job-Rotation für künftige Aufgaben fit.

Keine leeren Versprechungen machen

Wer wie Nokia besonders hohe Erwartungen weckt, muss sich stets bewusst sein: Anleger, Analysten und Journalisten prüfen alle Zahlen und Aussagen. Ollila macht es bislang richtig: Es ist immer besser, Klartext zu reden – auch wenn Analysten und Anleger das nicht immer hören wollen. Aber darauf kann man sich einstellen. Das schafft Vertrauen bei Mitarbeitern und Kunden, bei Analysten und Anlegern.

Danksagung

Nokias Erfolg ist leicht zu erkennen, aber schwierig zu analysieren. Bei der Recherche habe ich festgestellt, dass bislang keine umfassende Darstellung über Nokia existiert, dafür eine wahre Fundgrube an Artikeln von Kollegen aus Deutschland, Amerika und Grossbritannien, die ich auch guten Gewissens geplündert habe. Mir ist wichtig zu erwähnen, dass dies kein Buch von Nokia ist, sondern eins über Nokia. Ich hatte viel Spass dabei, ein wenig hinter die Kulissen des innovativsten Handyherstellers der Welt zu schauen und gleichzeitig mehr über ein großartiges Land und seine Menschen zu erfahren.

In diesem Sinne gilt mein Dank allen Nokia-Mitarbeitern in Finnland und Deutschland, die ich bei der Recherche zum Buch mit meinen Fragen traktieren durfte. Ganz besonders möchte ich Lauri Kivinen danken, der sich trotz zahlreicher Verpflichtungen der Mühe unterzog, alle Kapitel gewissenhaft zu lesen und zu kommentieren.

Ein herzliches Dankeschön auch an die Lektorin Ursula Artmann vom Ueberreuter Wirtschaftsverlag für ihre Geduld und ihre Korrekturarbeiten (wir haben es doch noch geschafft!). Außerdem danke ich meiner Kollegin und Lebenspartnerin Iris Quirin für ihre tatkräftige Unterstützung in allen Phasen der Manuskripterstellung – und für einen wunderbaren Abend bei Nabucco.

Köln, den 02. Februar 2001
Jean-Marc Göttert

Index